ÉTUDES

CRISTALLOGRAPHIQUES,

PAR M. A. BRAVAIS,

LIEUTENANT DE VAISSEAU, PROFESSEUR A L'ÉCOLE POLYTECHNIQUE.

Présentées à l'Académie des Sciences : la première partie, le 26 février 1849 ; la deuxième partie, le 6 août 1849. — La troisième partie, communiquée à la Société Philomathique, le 8 juin 1850.

Extrait du Journal de l'École Polytechnique, XXXIVe Cahier.

PARIS,

BACHELIER, IMPRIMEUR-LIBRAIRE

DE L'ÉCOLE POLYTECHNIQUE,

Rue du Jardinet, 12.

1851.

TABLE DES MATIÈRES.

ÉTUDES CRISTALLOGRAPHIQUES,

PAR M. A. BRAVAIS,

Lieutenant de vaisseau, Professeur à l'École Polytechnique.

PREMIÈRE PARTIE (*).

DU CRISTAL CONSIDÉRÉ COMME UN SIMPLE ASSEMBLAGE DE POINTS.

§ I. — *De la structure interne des corps cristallisés.*

Il est admis aujourd'hui, par tous les physiciens, que les corps pondérables sont des agrégations de molécules de même espèce, tenues à distance par des forces attractives ou répulsives dont la résultante est nulle, pour chacune de ces molécules, dès que ces corps sont parvenus à leur état d'équilibre interne. Par le terme de « molécules de même espèce », on sous-entend non-seulement que la composition chimique doit être identique, mais encore que la disposition géométrique des atomes constituants est la même autour du centre de gravité de chaque molécule. Cette dernière hypothèse est nécessaire à l'explication des phénomènes de l'*isomérie;* car c'est en faisant varier le mode de groupement des mêmes atomes que l'on parvient à concevoir deux corps *isomères,* c'est-à-dire possédant, malgré leur identité de composition, des propriétés physiques et chimiques complétement distinctes. Il paraît même que le moindre défaut de superposabilité dans les polyèdres moléculaires de deux substances, par exemple la circonstance que ces polyèdres sont simplement symétriques l'un de l'autre, mais non superposables, peut suffire pour produire au dehors certaines différences plus ou moins appréciables.

(*) Présentée à l'Académie des Sciences, le 26 février 1849.

Dans les corps solides non cristallisés, l'arrangement relatif des centres des molécules ne paraît soumis à aucune règle fixe, et les lignes homologues des polyèdres moléculaires sont indistinctement dirigées vers toutes les régions de l'espace. Si l'on isole un cylindre d'une telle substance pour déterminer ses constantes spécifiques, ses coefficients de traction ou de flexion, la valeur de sa dilatation thermométrique, sa manière d'agir sur la lumière ou la chaleur, on trouve des résultats constants et indépendants de la direction qu'occupait dans l'intérieur de la masse générale l'axe du cylindre ainsi séparé. Dans les corps cristallisés, au contraire, les résultats obtenus varient, en général, suivant la direction de cet axe; une sorte de *polarité* moléculaire se manifeste, et l'on est ainsi conduit à admettre que les polyèdres moléculaires sont semblablement tournés, leurs lignes homologues étant parallèles.

Non-seulement les molécules d'un cristal sont semblables et semblablement orientées; mais elles sont, de plus, disposées en files rectilignes, et séparées l'une de l'autre, sur chaque file, par des intervalles égaux. La disposition rectiligne est indiquée par la rectitude des arêtes, et, mieux encore, par les résultats du clivage : toutes les fois qu'il existe deux plans distincts suivant lesquels le cristal peut se débiter en lames, les prismes de clivage peuvent être amenés à avoir leur section aussi petite qu'on puisse le désirer; la disposition rectiligne des molécules est la conséquence forcée d'un tel mode de subdivision (*).

L'égalité des intervalles ne résulte pas moins clairement du fait suivant, dont j'emprunte l'énoncé à M. Biot, savoir que « si, dans un cristal constitué « continûment, on isole un solide de dimensions sensibles et de configura- « tion quelconque, tous les solides pareils et parallèles à celui-là, que l'on « pourra extraire de la masse du cristal, seront identiques physiquement et « chimiquement. »

Dans la première partie de ce Mémoire, nous nous bornerons à tenir compte des positions occupées par les centres de gravité de chaque molécule, et nous réserverons pour la deuxième partie les questions relatives à la forme et à la symétrie des polyèdres moléculaires considérés en eux-mêmes.

(*) *Voyez* à ce sujet M. Delafosse, *Savants étrangers*, tome VIII, page 649.

Le cristal, ainsi réduit par la pensée, n'est plus qu'un système de points mathématiques distribués, suivant la loi de l'équidistance, sur des files rectilignes parallèles entre elles. Cette définition est précisément celle que nous avons donnée des *Assemblages* ou *Systèmes réticulaires* de points, dans un précédent travail (*).

Les arêtes du cristal, ainsi que les intersections des faces et plans de clivage, correspondent à nos *Rangées* de *Sommets;* les faces limites du cristal sont des plans contenant ces Rangées, elles coïncident avec nos *plans réticulaires :* sur chacun de ces plans, il existe un *Réseau* de centres moléculaires, trop délicat pour que notre œil puisse le percevoir, mais dont les déductions précédentes nous démontrent clairement l'existence.

Dans l'exposé de la théorie générale des Assemblages, j'ai montré que deux plans réticulaires ne se coupent pas nécessairement suivant une Rangée; ainsi l'arête d'un cristal peut ne pas être une Rangée, mathématiquement parlant. Cependant on devra remarquer que, si, par un centre moléculaire très-rapproché de l'intersection de deux faces, on imagine menés deux plans parallèles à ces faces, ces nouveaux plans, qui, pour nos organes, coïncident avec les plans précédents, vu l'excessive petitesse des espaces intermoléculaires des corps, doivent se couper suivant une des Rangées de l'Assemblage. Il n'y a donc aucun inconvénient réel à considérer les arêtes des cristaux comme étant des Rangées de molécules.

De même le point d'intersection de trois faces d'un cristal peut être pris pour un centre moléculaire, quoique, par suite du mode d'apposition des strates parallèles à ces trois faces, ce sommet puisse se trouver remplacé par une troncature, dont les dimensions infiniment petites seront d'ailleurs complétement insensibles pour nos organes.

Dans ce qui va suivre, toute face d'un cristal sera considérée comme un plan mathématique, chargé sur sa surface d'un système de centres moléculaires disposés en forme de Réseau. Toute arête sera prise pour une file rectiligne de tels centres, et chaque sommet sera censé être occupé par l'un d'eux.

(*) Sur les Systèmes de points distribués régulièrement, *Journal de l'École Polytechnique*, XXXIIIe cahier, page 1.

§ II. — *Des sept systèmes cristallins.*

Le degré de symétrie d'un Assemblage est caractérisé par le nombre d'axes de symétrie qu'il possède, l'ordre de la symétrie de ces axes et leur situation relative. Sous ce point de vue, nous avons, dans le Mémoire déjà cité, distribué les Assemblages en sept classes distinctes. En admettant que les sept modes de symétrie correspondants se rencontrent tous dans la nature, nous aurons sept classes distinctes de substances cristallisées, c'est-à-dire sept systèmes cristallins. C'est, en effet, ce qui a lieu.

A la vérité, les minéralogistes n'en admettent ordinairement que six; mais si l'on coupe en deux le système rhomboédrique, en séparant, comme l'avait déjà fait Haüy, les cristaux qui paraissent dériver du prisme hexaèdre régulier, de ceux dont le noyau paraît être un rhomboèdre, on verra facilement que nos sept classes correspondent, terme pour terme, aux divers systèmes cristallins des minéralogistes. Le système diclinoïdrique de M. Naumann n'est qu'un cas particulier du système asymétrique, comme l'a très-bien fait remarquer M. Dufrénoy (*Traité de Minéralogie,* tome I, page 149).

Cela posé, il est évident que nos Assemblages terquaternaires (*) répondent au système régulier, ou système cubique, des cristallographes;

Que l'Assemblage sénaire fait partie du système dit rhomboédrique;

Que l'Assemblage quaternaire répond au système pyramidal, ou du prisme droit à base carrée;

Que l'Assemblage ternaire forme une classe qui, comme la classe correspondante à la symétrie sénaire, dépend du système rhomboédrique;

Que l'Assemblage terbinaire correspond au système du prisme droit à base rectangle;

Que l'Assemblage binaire forme le système dit monoclinoïdrique, ou prisme oblique rhomboïdal d'Haüy;

Enfin que l'Assemblage asymétrique se rapporte au système du prisme oblique non symétrique.

La même division de nos Assemblages en modes divers, hexaédral, octa-

(*) Mémoire cité, *Journal de l'École Polytechnique,* XXXIIIe cahier, page 88.

édral, etc., est évidemment applicable à la division des cristaux appartenant à un même système cristallin.

On verra, dans l'un des paragraphes suivants, comment, au moyen de la loi dite « loi de symétrie », qui exige que les plans réticulaires, ou faces, de même espèce existent simultanément sur le contour du cristal, on peut retrouver les axes et plans de symétrie de l'Assemblage cristallin, et, par conséquent, dire à quel système il appartient.

La détermination du mode cristallin offre plus de difficultés; car il résulte du théorème LXXXII de mon Mémoire sur les Systèmes de points que les mêmes plans réticulaires, avec les mêmes angles d'inclinaison mutuelle, peuvent exister, comme faces du cristal, quel que soit le mode auquel on rapporte ce dernier. Ainsi l'inspection des arêtes et faces d'un échantillon unique d'une espèce minérale, dont le système cristallin est donné, ne suffit pas pour faire discerner le mode cristallin propre à cette espèce.

Nous verrons plus tard que cette indécision peut être levée, dans un grand nombre de cas, par l'examen d'un nombre un peu considérable d'échantillons de la même espèce, ou par la considération des inégales résistances au clivage parallèlement aux diverses faces.

De plus, en vertu du scolie du théorème LXXXII, il existe, entre les classes sénaire et ternaire, une indétermination analogue à celle que présentent deux modes appartenant à un système cristallin à plusieurs modes, et l'inspection d'un seul échantillon pourra bien ne pas suffire à la détermination du système. Cependant les lois générales de la symétrie extérieure, lois dont nous aurons à parler bientôt, pourront, dans le plus grand nombre de cas, faire disparaître cette incertitude.

§ III. — *Des formes cristallines et de la loi de symétrie.*

L'illustre Haüy a remarqué que les faces d'une espèce minérale s'associaient suivant certaines règles, et il a désigné sous le nom de *faces identiques* celles qui, ainsi associées, paraissent ou disparaissent à la fois dans l'enveloppe polyédrique du cristal. Haüy a cherché la condition de coexistence de ces faces dans la similitude de leur mode de génération sur toutes les parties *identiques* d'un noyau central qu'il appelle la *forme primitive de la substance :* il reconnaît l'*identité*, pour les arêtes, à l'égalité de longueur et à l'égale inclinaison de leurs angles dièdres; pour les angles solides, à l'égalité de leurs parties élémentaires et à l'égale longueur de leurs côtés.

Les géomètres qui ont suivi les méthodes allemandes déterminent les faces coexistantes en supposant qu'un, deux, ou trois des segments interceptés par l'une de ces faces sur trois axes cristallographiques changent de direction en restant sur le même axe, ou en passant sur un autre axe de même paramètre, sous la condition, toutefois, que le nouvel angle trièdre compris entre les segments soit égal ou géométriquement symétrique à l'angle trièdre primitif.

Ces règles résultent d'une étude très-approfondie d'un nombre immense d'espèces minérales; mais elles sont empiriques, et la cause physique de la coexistence n'en ressort pas d'une manière bien nette. Il en est résulté que, dans la pratique, ces règles ne se sont pas toujours trouvées d'accord; ainsi, les douze faces d'un birhomboèdre formé sur les arêtes des bases d'un prisme hexaèdre régulier sont coexistantes, d'après la théorie de Haüy; mais, suivant les méthodes cristallographiques de M. Miller, ces douze faces appartiennent à deux associations distinctes qui peuvent exister séparément.

D'autre part, M. Delafosse a parfaitement fait voir (Mémoire cité, p. 654) que la condition d'identité géométrique, dans les diverses parties de la forme primitive, pouvait ne pas être suffisante, et qu'ainsi on ne pouvait rationnellement baser la loi de coexistence sur cette identité géométrique.

Ces difficultés disparaissent lorsqu'on assimile les cristaux à des Assemblages de molécules.

Nous distinguerons sous le nom de *faces de même espèce,* comme nous l'avons fait dans la théorie des Assemblages, celles qui peuvent être amenées à superposition, Réseau sur Réseau, par une rotation ou translation convenable, la superposition des faces entraînant avec elle celle des Assemblages. Si, de plus, cette superposition entraîne aussi celle des polyèdres moléculaires que l'on peut supposer liés aux plans de ces faces et participant à leurs mouvements, nous dirons que ces faces sont de même espèce, et, de plus, *identiques*.

La loi de coexistence des faces, généralement désignée sous le nom de *loi de symétrie,* consistera dans la nécessité de la formation simultanée de toutes les faces de même espèce avec une face donnée. Appliquée au cas du clivage, cette loi exigera que le cristal, pouvant se cliver parallèlement à un certain plan réticulaire, se clive aussi, et avec la même facilité, parallèlement à tous les plans réticulaires de même espèce que le précédent.

La raison physique de la loi précédente est que, dans l'acte de la cristallisation, deux faces de même espèce se présentant, en général, de la même manière au milieu générateur, et leur tissu sous-jacent étant le même, les forces moléculaires qui décident l'apposition successive des strates parallèles à l'une d'elles se retrouvent les mêmes dans la formation des strates parallèles à la deuxième. Mais la nature de cet énoncé fait concevoir que, même indépendamment des causes étrangères qui peuvent agir inégalement sur les flancs de la masse cristalline en voie de formation et y déterminer des avortements accidentels, les forces productrices des faces de même espèce ne peuvent être complétement pareilles des deux parts, que si les faces sont, non-seulement de même espèce, mais identiques.

Il convient, toutefois, pour procéder du simple au composé, d'admettre provisoirement la loi de la coexistence des faces de même espèce, sans tenir compte de la forme du polyèdre moléculaire. Nous verrons ensuite comment la prise en considération de la forme de ces polyèdres oblige à réduire dans un certain rapport le nombre des faces qui doivent théoriquement coexister.

On a désigné sous le nom de *forme cristalline* l'ensemble de toutes les faces qui doivent coexister à une face donnée. Une *forme* sera donc la réunion de toutes les faces de même espèce que la face donnée. Une forme peut suffire à clore le cristal, et elle est dite alors *forme fermée;* elle est dite *ouverte* dans le cas contraire.

Le nombre des faces d'une forme dépend du nombre des axes du système, et l'on pourra toujours le déterminer de la manière suivante. Soit N_q le nombre d'axes de symétrie d'ordre q que possède le cristal. Une première face étant donnée, la symétrie propre à chacun de ces axes donnera naissance à $q - 1$ autres faces dérivant de la face donnée par des rotations répétées, de $\frac{360^\circ}{q}$ autour de cet axe (*); le nombre total des faces ainsi obtenues, non compris la face initiale, sera donc $(q-1)\,N_q$. Pour se rendre compte de leur mode de distribution, on élèvera des normales sur le côté externe de chaque face, et on les prolongera, ainsi que les axes de symétrie, jusqu'à la surface d'une sphère de très-grand rayon dont le cristal occupe le centre ; puis, de chaque extrémité d'axe, comme pôle, on décrira des petits cercles passant par le pôle de la face donnée, et sur lesquels viendront se ranger les pôles de toutes les faces de même espèce, homologues par rapport à cet axe. La représentation graphique des positions de ces points sur la *sphère de projection* est fort utile en cristallographie.

En répétant la précédente opération sur les axes d'ordre q', d'ordre q'', on obtiendra le nombre total des faces ainsi associées, puisque deux plans réticulaires de même espèce sont toujours homologues par rapport à un axe de symétrie (théorème LXXXVII); ce nombre total sera donc

$$1+(q-1)\,N_q+(q'-1)\,N_{q'}+(q''-1)\,N_{q''}.$$

Mais la forme n'est point encore complète; car, à chacune de ces faces en correspond une autre qui lui est parallèle, mais qui est située sur le côté opposé du cristal; cette face doit aussi appartenir à la même forme. Donc on devra multiplier par 2 le nombre ainsi obtenu, et comme d'ailleurs q, q', q'' ne peuvent être égaux qu'à 6, 3, 4 ou 2, on pourra énoncer le théorème suivant:

THÉORÈME I. — *Le nombre* N *des faces d'une forme complète, dans un système cristallin contenant* N_6 *axes sénaires,* N_4 *axes quaternaires,* N_3 *axes ternaires,* N_2 *axes binaires, sera donné par la formule*

$$N=2\,(1+5\,N_6+3\,N_4+2\,N_3+N_2). \qquad (1)$$

En appliquant cette formule, et employant les valeurs de N_6, N_4, N_3, N_2, fournies par le tableau de la page 91 de mon précédent Mémoire, on trouvera:

1er système cristallin, $N=48$;	5e système cristallin, $N=8$;
2e système cristallin, $N=24$;	6e système cristallin, $N=4$;
3e système cristallin, $N=16$;	7e système cristallin, $N=2$.
4e système cristallin, $N=12$;	

(*) Théorème LXXXVIII de mon précédent Mémoire.

Lorsqu'il s'agit de corps cristallisés, la figure du corps étant celle d'un polyèdre terminé et convexe, la limitation de l'Assemblage introduit un élément nouveau, la *bilatéralité des faces*, et il est nécessaire d'en tenir compte. En effet, chaque face d'un cristal a un côté interne et un côté externe, et l'on peut concevoir que la même distinction de sens soit appliquée aux parties de la face que l'on prolonge par la pensée au delà de l'aire polygonale par laquelle elle s'applique sur le cristal.

Nous dirons désormais que « deux faces de même espèce sont *directement semblables* », lorsque la rotation qui établit la coïncidence de leurs Réseaux amène le côté interne de l'une sur le côté interne de l'autre : il est facile de voir que les polygones par lesquels ces faces sont en contact avec le cristal se projettent alors sur l'axe qui a servi à effectuer cette rotation, *dans l'intérieur même de la masse cristalline*. Au contraire, ces deux faces seront dites *inversement semblables*, si le mouvement qui fait coïncider les deux Réseaux prolongés au besoin, amène le côté interne de l'une des faces sur le côté externe de l'autre; dans ce cas, l'axe de la rotation est situé *en dehors du cristal*.

Cette définition montre que deux faces homologues par rapport à un plan de symétrie sont toujours inversement semblables : car alors la masse du cristal est toujours comprise entre les parties homologues des deux faces, le biseau de l'angle dièdre formé par ces faces est extérieur au cristal, ou du moins placé à sa limite; l'axe binaire autour duquel une rotation de 180 degrés doit avoir lieu pour produire la superposition de ces faces, étant normal à ce plan de symétrie et s'appuyant sur l'un des points de ce biseau, sera nécessairement extérieur au cristal.

Toute face parallèle à une face donnée lui est inversement semblable; car leur superposition, par simple translation, amène le côté interne de l'une sur le côté externe de l'autre. De même, toute face A directement semblable à une face B, sera inversement semblable à la face parallèle à la face B. Plus généralement, on peut énoncer le théorème suivant :

Théorème II. — *Deux faces directement semblables ou inversement semblables à une troisième sont directement semblables entre elles ; et deux faces sont inversement semblables, si l'une d'elles est directement semblable à une troisième, et si l'autre lui est inversement semblable.*

En résumé, toute forme cristalline se décompose en

Une face A primitivement donnée, et que je nommerai la *face déterminante de la forme;*

$5N_6 + 3N_4 + 2N_3 + N_2$ faces directement semblables à A;

Une face A′ parallèle à A et qui lui est inversement semblable;

$5N_6 + 3N_4 + 2N_3 + N_2$ faces directement semblables à A′ et inversement semblables à A.

Ainsi toute forme se décompose en deux demi-formes:

Une *demi-forme directe,* composée de $1 + 5N_6 + 3N_4 + 2N_3 + N_2$ faces toutes directement semblables entre elles;

Une *demi-forme inverse,* composée d'un pareil nombre de faces, toutes directement semblables entre elles, mais inversement semblables aux faces de la demi-forme directe, et parallèles deux par deux à ces dernières.

Dans le cas où la forme se compose de plans de clivage, il n'y a plus lieu de distinguer les côtés interne ou externe des faces, et le nombre des plans qui constituent *la forme de clivage* est simplement égal à $1 + 5N_6 + 3N_4 + 2N_3 + N_2$.

La valeur du nombre N indiquée par l'équation (1) se rapporte au cas général où la face déterminante A, qui sert de départ à la forme cristalline, n'offre aucune particularité de position, relativement aux axes de symétrie; alors la forme sera dite *forme oblique.*

Dans le cas contraire, il pourra arriver que sur les N faces qui composent la forme oblique, deux ou plusieurs se confondent en une seule. Le nombre N se réduisant alors à l'un de ses sous-multiples, il se produit une *forme restreinte,* moins riche en faces que la forme oblique, mais dont la symétrie est néanmoins tout aussi complète. Je reviendrai sur ce sujet dans le § VI.

§ IV. — *De la dérivation des faces et du choix des axes coordonnés.*

La surface extérieure d'un cristal appartient quelquefois à une seule forme cristalline, mais, le plus souvent, à deux ou plusieurs formes différentes. Une face d'une forme étant donnée, toutes les autres faces de la forme en résultent; mais cela ne nous apprend pas quelles sont les autres formes qui ont pu s'associer à la précédente, pour contribuer avec elle à clore le cristal.

Il existe, à cet égard, certaines règles auxquelles la nature se plie, et qui permettent de faire dériver toutes les faces et formes possibles du cristal, une fois que l'observation a fait connaître, pour chaque espèce minérale, certaines constantes qui lui sont propres.

Cette dérivation des faces a été jusqu'ici obtenue, soit par la méthode des décroissements ou méthode moléculaire, soit par la méthode des troncatures rationnelles ou méthode géométrique.

Dans la première méthode, due à Bergmann et Haüy, on choisit un certain parallélipipède comme noyau du cristal, et l'on assemble face à face ces parallélipipèdes de manière à produire des lames qui se superposent, chaque lame reculant sans cesse de la même quantité sur les bords de son contour, par rapport à celle qui la précède. Dans chaque lame, l'apposition des parallélipipèdes produit des files parallèles qui sont également placées en retrait l'une par rapport à l'autre. Les dimensions du noyau sont les constantes qu'il s'agit de déterminer une fois pour toutes, et il ne reste plus qu'à faire varier les lois d'apposition de ces parallélipipèdes que Haüy avait désignés sous le nom de *molécules soustractives,* pour obtenir toutes les faces possibles du cristal. On démontre que, dans ce cas, tout plan parallèle à la face qui passe par les sommets restés exempts d'appositions latérales, tronque les trois arêtes de l'un des angles du noyau suivant des segments proportionnels à certains sous-multiples simples des longueurs primitives des arêtes. C'est en faisant varier les rapports de ces sous-multiples entre eux que l'on obtient toutes les faces possibles.

Dans la méthode des troncatures rationnelles, on choisit trois droites se coupant au même point, dans l'intérieur du cristal, et sur ces droites on porte trois longueurs a, b, d nommées *paramètres*. Les grandeurs a, b, d et les angles qui fixent leur position relative sont les constantes spécifiques que l'observation doit faire connaître; elles restent les mêmes pour tous les échantillons d'une même espèce minérale, mais varient d'une espèce à une autre espèce : ces droites, désignées en général sous le nom d'axes cristallographiques, sont le plus souvent des axes de symétrie du cristal. Alors la loi de dérivation des faces peut être énoncée de la manière suivante : « Prenez

« sur les axes des longueurs respectivement égales à

$$\frac{1}{g}a,\quad \frac{1}{h}b,\quad \frac{1}{k}d,$$

« g, h, k étant des nombres entiers susceptibles de devenir négatifs dans le « cas où le segment devrait être compté en sens inverse du paramètre; le « plan mené par les trois extrémités de ces segments sera l'une des faces « possibles du cristal. »

Si l'un des nombres g, h, k devenait nul, le segment correspondant deviendrait infini, et le plan de la face serait parallèle à l'un des trois axes.

La face est alors désignée par la notation symbolique (ghk). Ainsi la loi de dérivation des faces consiste dans la variation illimitée des nombres entiers g, h, k qui sont appelés les *caractéristiques* de la face.

Non-seulement ces deux modes de dérivation coïncident quant aux résultats; mais, en outre, ils sont évidemment identiques avec le mode de dérivation de nos *plans réticulaires*. En effet, un Assemblage étant rapporté à trois Rangées conjuguées comme axes, et a, b, d étant les paramètres de ces Rangées, l'équation générale des plans réticulaires est, en coordonnées linéaires,

$$g\frac{\xi}{a}+h\frac{\eta}{b}+k\frac{\zeta}{d}=\mathrm{C}, \tag{2}$$

g, h, k étant les trois caractéristiques du plan réticulaire (ghk). Si donc nous faisons coïncider les axes coordonnés de notre Assemblage, avec les axes cristallographiques des minéralogistes allemands, si de part et d'autre nous prenons les mêmes paramètres, et si nous assignons à g, h, k les mêmes valeurs, le plan de l'équation (2) qui coupe les axes aux distances $\frac{\mathrm{C}}{g}a$, $\frac{\mathrm{C}}{h}b$, $\frac{\mathrm{C}}{k}d$ de l'origine, coïncidera, quant à sa direction, avec la face qui a pour symbole (ghk) dans le système des troncatures rationnelles.

Ainsi nos plans réticulaires de symbole (ghk) sont précisément les plans sécants à troncatures rationnelles de la cristallographie allemande, plans auxquels MM. Frankenheim, Whewel et Miller ont assigné la même notation symbolique (ghk); ce sont aussi les faces de décroissement de la théorie d'Haüy. M. Miller a représenté, en outre, par le symbole $\{ghk\}$ l'ensemble de toutes les faces qui s'associent à la face (ghk) pour constituer une forme complète dans un système cristallin désigné d'avance. Nous conserverons cette notation, qui sera l'expression abrégée des symboles des N faces qui composent la forme (*voyez* ci-dessus, page 108).

Je représenterai aussi avec M. Miller par $\varkappa\,\{ghk\}$ la demi-forme directe correspondant à (ghk), et par $\varkappa\,\{g\,\bar{h}\,\bar{k}\}$ sa demi-forme inverse.

Il convient maintenant de faire, dans chacun de nos sept systèmes cristallins, un choix convenable des axes coordonnés auxquels nous devrons rapporter les faces des cristaux. Nous adopterons, autant que cela sera possible, trois des axes de symétrie du système. Toutefois cela n'est pas indispensable, et M. Miller a décrit le système ternaire (système rhomboédrique), en prenant pour axes coordonnés les arêtes du rhomboèdre générateur, lignes qui ne sont point des axes de symétrie du cristal.

Dans tous les systèmes cristallins, sauf le premier et le dernier, il existe au moins un axe de symétrie principal (*voyez* le tableau de la page 93 du Mémoire sur les Systèmes de points).

Je supposerai toujours cet axe placé verticalement, et je le prendrai pour axe des ordonnées linéaires ζ, et des ordonnées numériques z qui leur correspondent. Dans le système terquaternaire, où il existe trois axes quaternaires, l'un d'eux, arbitrairement choisi, sera considéré comme étant l'axe des z.

Lorsqu'il se présentera plusieurs modes cristallins dans un même système, on se guidera, pour le choix des axes, sur la convenance du mode hexaédral, dont tous les autres modes dérivent ensuite avec facilité par des centrages convenables, et qui offre, de plus, cette circonstance remarquable, que les trois arêtes de son hexaèdre générateur sont des Rangées conjuguées de l'Assemblage.

Dans le cinquième système, qui renferme deux modes hexaédraux, l'un à base rectangle, l'autre à base rhombe, c'est le mode à base rectangle qui devra servir de point de départ.

Système terquaternaire. — On prendra pour axes coordonnés les trois arêtes du cube servant de noyau au mode hexaédral. Les axes des x, y, z sont alors rectangulaires entre eux; les trois paramètres sont égaux et représentés par a, a, a. Les axes coordonnés sont les axes quaternaires de l'Assemblage.

Nous verrons bientôt qu'on peut substituer aux axes quaternaires les quatre axes ternaires de l'Assemblage; mais cette substitution ne devra se faire qu'exceptionnellement, attendu qu'elle mène en général à des résultats moins simples.

Système sénaire. — Les mêmes axes que pour le système ternaire qui en dérive par le procédé indiqué à la page 73 de mon Mémoire sur les Systèmes de points.

Système quaternaire. — Les trois arêtes du prisme droit à base carrée, qui forme le solide générateur du mode hexaédral, seront prises pour axes coordonnés. On prendra, pour axe des z, l'axe quaternaire; pour axes des x et des y, les deux axes binaires *de première espèce;* les paramètres sont a, a, d, sur ces axes. Le paramètre des axes de seconde espèce est $a\sqrt{2}$.

Système ternaire. — On peut, avec M. Miller, prendre pour axes coordonnés les trois arêtes du rhomboèdre générateur.

On peut appliquer ce même système d'axes au système sénaire qui en dérive, puisque les plans réticulaires sont les mêmes de part et d'autre.

Toutefois, il faut remarquer que les douze faces, qui, réunies, constituent la *forme la plus générale* du système ternaire (voyez *Cristallographie,* de Miller, trad. française, page 77), ne représentent pas la forme complète du système sénaire : pour obtenir les douze autres faces, on doit faire tourner de 180 degrés les faces de la forme $\{ghk\}$ autour de l'axe sénaire.

Dans le système de M. Miller, les axes coordonnés étant parallèles aux arêtes du rhomboèdre générateur, on trouve facilement que le plan (ghk), tournant de 180 degrés autour de l'axe de symétrie ternaire, vient coïncider avec un plan réticulaire de notation $(g'h'k')$, g', h', k' étant des nombres entiers déterminés par les formules suivantes (*Cristallographie,* § 133) :

$$(5)\qquad \begin{cases} -g+2h+2k=g', \\ 2g-h+2k=h', \\ 2g+2h-k=k'; \end{cases}$$

ainsi les formes à douze faces $\{ghk\}$, $\{g'h'k'\}$ s'associeront entre elles pour constituer la forme la plus générale du système sénaire.

Mais il est préférable, comme nous le dirons bientôt, de prendre pour axe des z, dans les systèmes sénaire et ternaire, l'axe principal du système, et pour axes des x et des y, deux des trois axes binaires de première espèce qui se croisent à son pied dans le plan qui lui est normal: le paramètre de l'axe des z est alors égal à d; celui des axes des x et des y est égal à a.

Système terbinaire. — On prendra pour axes les trois arêtes du parallélipipède rectangulaire qui forme le solide générateur du mode hexaédral rectangle. Les axes coordonnés coïncident alors avec les trois axes de symétrie, et sont, en même temps, des Rangées conjugées de ce mode cristallin. Les paramètres sont inégaux, et représentés par a, b, d: l'axe des z est supposé vertical, et considéré comme étant l'axe principal du système.

Système binaire. — On prendra pour axe des z l'axe binaire, et on le placera verticalement. Cet axe est une des arêtes du prisme droit qui, dans le mode hexaédral, forme le solide générateur de l'Assemblage; il est donc normal au plan des xy; son paramètre sera représenté par d. Les axes des x et des y sont deux Rangées conjuguées quelconques du Réseau tracé sur ce plan; elles font entre elles un angle égal à δ, et leurs paramètres sont égaux à a et à b.

Système asymétrique. — Trois Rangées conjuguées quelconques se coupant en un même Sommet peuvent être prises pour axes coordonnés. Les paramètres, sur les axes des x, des y et des z, continueront à être représentés par a, b, d; les angles plans formés par ces mêmes axes entre eux, sur les plans des yz, des xz et des xy, par α, β et δ; enfin les angles dièdres opposés à ces angles plans par μ, ν, ϖ.

Quoique nous adoptions en général les axes coordonnés dont s'est servi M. Miller, on verra, dans le paragraphe suivant, que nous nous écartons de la méthode du savant professeur pour les systèmes sénaire, ternaire et binaire.

§ V. — *Des notations cristallographiques.*

Nous avons vu que le symbole (ghk) représentait la série des plans réticulaires parallèles, dont l'équation est

$$g\frac{\xi}{a} + h\frac{\eta}{b} + k\frac{\zeta}{d} = C,$$

ou, plus simplement, en coordonnées numériques,

$$gx + hy + kz = C. \tag{6}$$

Pour pouvoir distinguer l'une de l'autre la face (ghk) et la parallèle située de l'autre côté du cristal, M. Miller représente cette dernière par $(-g, -h, -k)$, ou, mieux encore, par le symbole $(\bar{g}\,\bar{h}\,\bar{k})$; cela revient à supposer que l'origine des coordonnées est située dans l'intérieur du cristal, et que le nombre C est essentiellement positif. Cette convention sera admise dans tout ce qui va suivre.

Le système de notations imaginé par M. Weiss, et adopté par la plupart des cristallographes allemands, consiste à écrire, sous forme de progression géométrique, les trois distances auxquelles la face considérée, ou une de ses parallèles, coupe les trois axes, à partir de l'origine. Ainsi, a, b, d étant les trois paramètres, si le segment intercepté sur l'axe des x est ma, si celui relatif à l'axe des y est nb, si celui relatif à l'axe des z est pd, la notation de la face sera

$$ma : nb : pd.$$

En vertu du principe des troncatures rationnelles, m, n, p sont des nombres entiers ou fractionnaires, susceptibles de devenir infinis, mais jamais égaux à zéro.

L'expression symbolique ci-dessus équivaut à l'équation

$$\frac{\xi}{ma} + \frac{\eta}{nb} + \frac{\zeta}{pd} = 1. \tag{7}$$

Si l'on réduit les trois facteurs $\frac{1}{m}$, $\frac{1}{n}$, $\frac{1}{p}$ au même plus petit dénominateur commun C, et si l'on pose

$$\frac{1}{m} = \frac{g}{C}, \quad \frac{1}{n} = \frac{h}{C}, \quad \frac{1}{p} = \frac{k}{C}, \tag{8}$$

g, h, k étant des nombres entiers dépourvus de commun diviseur, on aura

$$g\frac{\xi}{a} + h\frac{\eta}{b} + k\frac{\zeta}{a} = C,$$

ce qui nous ramène à la face de symbole (ghk).

Ainsi les trois formules

$$ma : nb : pd, \quad \frac{1}{g}a : \frac{1}{h}b : \frac{1}{k}d, \quad (ghk),$$

sont équivalentes. Mais, quoique la notation de M. Weiss ait été un progrès réel sur celle d'Haüy, la nouvelle notation est encore préférable, attendu que les caractéristiques g, h, k s'introduisent plus facilement dans les calculs que leurs inverses $\frac{1}{g}$, $\frac{1}{h}$, $\frac{1}{k}$, de même qu'en trigonométrie, il est plus facile d'opérer sur des sinus et sur des cosinus que sur des cosécantes ou des sécantes.

Je ne parlerai pas des autres notations cristallographiques adoptées par divers auteurs. M. Miller a traité d'une manière complète de ces transformations de notations, dans l'un des chapitres de sa *Cristallographie*, et je ne puis mieux faire que d'y renvoyer mes lecteurs.

Mais je ne puis passer sous silence les notations à quatre caractéristiques dont l'emploi généralisé peut rendre de grands services au cristallographe. Imaginées d'abord par M. Weiss, dans le but d'appliquer ses symboles aux cristaux rhomboédriques, elles ont été employées par M. Frankenheim, dans un intéressant Mémoire publié par le journal *l'Isis*, en 1826.

Dans ce nouveau système, le premier axe ou axe principal des cristaux rhomboédriques est l'axe ternaire de paramètre d; les trois autres axes sont trois droites situées dans le plan normal à l'axe principal et inclinées l'une sur l'autre sous des angles de 60 degrés; les paramètres de ces axes sont a, a, a, de sorte que la notation d'une face quelconque est alors

$$ma : na : qa : pd,$$

m, n, q, p étant des nombres entiers ou fractionnaires.

Mais avant d'appliquer ce mode de notation aux systèmes cristallins, il convient de généraliser la définition des *caractéristiques* donnée à la page 39 de mon Mémoire sur les Systèmes de points. La caractéristique d'un plan (ghk) par rapport à un axe quelconque, ou Rangée, de paramètre d sera désormais « le nombre par lequel doit être divisé le paramètre d pour obtenir « le segment intercepté sur cet axe par deux plans limitrophes appartenant « à la série (ghk). »

A ce point de vue, la caractéristique g relative à l'axe des x est le nombre par lequel doit être divisé le paramètre a pour obtenir le segment qu'intercepte sur cet axe, à partir de l'origine, le plan

$$gx + hy + kz = 1,$$

et il en est de même pour les caractéristiques h et k.

Soit en général G la caractéristique du plan réticulaire (ghk) par rapport à l'axe qui joint l'origine au Sommet dont les coordonnées numériques sont (m, n, p) : il résulte de la solution du problème XXVII (Mémoire sur les Systèmes de points) que l'on aura

$$G = gm + hn + kp. \tag{9}$$

Si le plan (ghk) est parallèle à la Rangée mnp, on aura

$$gm + hn + kp = 0,$$

et la caractéristique du plan, par rapport à la Rangée prise pour axe coordonné, sera égale à zéro.

Aux trois axes coordonnés nécessaires pour fixer la position des points, lignes ou plans de l'Assemblage, rien n'empêche de joindre un quatrième axe coordonné que je nommerai l'*axe auxiliaire*, et qui ira de l'origine au Sommet dont les cordonnées sont $(-1, -1, -1)$. Je nommerai e le paramètre de ce nouvel axe; la caractéristique des plans réticulaires par rapport à ce même axe sera en général représentée par la lettre l, l'ordonnée numérique des Sommets rapportés à cet axe sera désignée par s. Il conviendra de remplacer le symbole (ghk) par le nouveau symbole $(ghkl)$, et l'équation du plan réticulaire limitrophe à celui qui contient l'origine pourra s'écrire indifféremment

$$\left\{\begin{aligned} gx + hy + kz &= 1, \\ gx + hy + ls &= 1, \\ gx + kz + ls &= 1, \\ hy + kz + ls &= 1, \end{aligned}\right. \tag{10}$$

attendu que les axes des x, des y, des z et des s sont conjugués trois à trois. Enfin on devra se rappeler que g, h, k, l sont liées entre elles par la relation

$$g + h + k + l = 0, \tag{11}$$

qui est la formule (59) de mon Mémoire sur les Systèmes de points.

Au lieu de prendre pour axe auxiliaire celui qui aboutit au point $(-1, -1, -1)$, on peut choisir la Rangée allant de l'origine au point $(-1, -1, 0)$, nommer c le paramètre de ce nouvel axe, t les coordonnées des Sommets mesurées parallèlement à cet axe, et i les caractéristiques des plans réticulaires par rapport à ce même axe. Alors il conviendra de remplacer le symbole (ghk) par le nouveau symbole $(ghik)$, et l'équation du plan réticulaire limitrophe à celui qui contient l'origine pourra s'écrire sous l'une des trois formes suivantes :

$$(12) \qquad \begin{cases} gx + hy + kz = 1, \\ gx + it + kz = 1, \\ hy + it + kz = 1. \end{cases}$$

On devra se rappeler que g, h, i sont liées entre elles par la condition

$$(13) \qquad g + h + i = 0,$$

qui est la formule (21) de mon Mémoire sur les Systèmes de points.

Les axes des x, des y et des t forment alors trois Rangées conjuguées deux à deux sur le plan des xy.

Notation à quatre caractéristiques dans le système terquaternaire. — Lorsqu'on veut appliquer cette notation à ce système, il faut supposer l'Assemblage construit d'après le mode hexaédral, et le rapporter à ses quatre axes ternaires.

Prenons donc pour axes coordonnés quatre Rangées allant de l'origine aux points $(1, 1, \bar{1})$, $(1, \bar{1}, 1)$, $(\bar{1}, 1, 1)$, $(\bar{1}, \bar{1}, \bar{1})$. D'après les formules générales de la transformation des symboles (problème XXVII), le plan (ghk) devient, dans le nouveau système d'axes,

$$(g + h - k, g - h + k, -g + h + k, -g - h - k) = (\text{GHKL}).$$

La demi-forme directe correspondant à la face (GHKL) se compose alors des vingt-quatre permutations obtenues en échangeant entre elles les caractéristiques. En changeant les signes de toutes les caractéristiques à la fois, on aura la demi-forme inverse correspondante.

Les six faces du cube sont alors représentées par $\{1\,1\,\bar{1}\,\bar{1}\}$,

Les huit faces de l'octaèdre régulier par $\{1\,1\,1\,\bar{3}\}$,

Les douze faces du dodécaèdre rhomboïdal par $\{1\,0\,0\,\bar{1}\}$,

Les vingt-quatre faces du tétrakishexaèdre par $\{\mathrm{GH}\bar{\mathrm{G}}\bar{\mathrm{H}}\}$, etc.

Notation à quatre caractéristiques dans le système sénaire. — Prenons l'axe sénaire Oz (*fig.* 1) pour axe des z, et supposons-le placé verticalement. Parmi les six Sommets de l'hexagone régulier GI′HG′IH′ qui enveloppe l'origine O sur le plan horizontal, choisissons les trois Sommets alternants G, H, $\bar{\mathrm{I}}$; prenons OG pour axe des x positives, OH pour axe des y positives, et O$\bar{\mathrm{I}}$ pour axe auxiliaire, ou axe des coordonnées t : ces lignes sont les axes binaires de première espèce de l'Assemblage, et leur paramètre sera désigné par a.

Le symbole d'un plan réticulaire quelconque sera $(ghik)$ dans ce système d'axes, les caractéristiques g, h, i étant liées par l'équation de condition (13).

Pour trouver toutes les faces appartenant à la même forme que la face déterminante $(ghik)$, on remarquera qu'en faisant tourner $(ghik)$ de 60 degrés autour de Oz, en allant de Ox vers Oy, les segments $\frac{a}{g}$, $\frac{a}{h}$, $\frac{a}{i}$ passent de OG, OH, OI sur les droites OI′, OG′, OH′ ; d'où l'on voit que l'on obtient ainsi la face $(\bar{h}\,\bar{i}\,\bar{g}\,k)$, et de celle-là on déduira toutes les faces homologues de $(ghik)$ relativement à l'axe sénaire, en faisant passer la première caractéristique au troisième rang, et changeant en même temps les trois premiers signes.

Si l'on fait ensuite tourner $(ghik)$ de 180 degrés autour de l'axe des x, on obtiendra la face $(gih\bar{k})$, et l'on obtiendrait de même $(ihg\bar{k})$, $(hgi\bar{k})$ en faisant tourner la même face de 180 degrés autour de l'axe des y et autour de l'axe des z ; on obtient ainsi le système des homologues de $(ghik)$ par rapport aux axes binaires de première espèce.

On obtiendra de même les homologues par rapport aux axes binaires de deuxième espèce.

Après avoir obtenu les douze faces de la demi-forme directe, on aura, par un changement simultané de tous les signes, les douze faces de la demi-forme inverse. Le diagramme complet des vingt-quatre faces de la forme la plus générale du système sénaire sera donc

$$
(14)\quad
\left\{
\begin{array}{l}
\varkappa\{ghik\} = \begin{array}{llll}
ghik & \bar h\bar i\bar g k & gih\bar k & \bar h\bar g\bar i\bar k \\
ighk & \bar g\bar h\bar i k & ihg\bar k & \bar g\bar i\bar h\bar k, \\
higk & \bar i\bar g\bar h k & hgi\bar k & \bar i\bar h\bar g\bar k
\end{array}
\\[2ex]
\varkappa\{\bar g\bar h\bar i\bar k\} = \begin{array}{llll}
\bar g\bar h\bar i\bar k & hig\bar k & \bar g\bar i\bar h k & hgik \\
\bar i\bar g\bar h\bar k & ghi\bar k & \bar i\bar h\bar g k & gihk. \\
\bar h\bar i\bar g\bar k & igh\bar k & \bar h\bar g\bar i k & ihgk
\end{array}
\end{array}
\right.
$$

Je reviendrai sur ce sujet, en traitant de l'influence qu'exerce le polyèdre moléculaire sur la figure des formes cristallines.

Notation à quatre caractéristiques dans le système ternaire. — On devra, dans le diagramme précédent, conserver parmi les faces directement semblables à $(ghik)$, celles-là seulement qui proviennent de rotations de 120 degrés autour de l'axe principal, c'est-à-dire $(ighk)$ et $(higk)$, et celles qui résultent de rotations de 180 degrés autour des droites OG, OH, OI de la *fig.* 1, droites qui, dans le système ternaire, continuent à être des axes binaires de l'Assemblage.

Il en résulte que, prenant toujours ces droites pour axes des x, des y et des t, on aura, pour le diagramme de la forme qui comprend toutes les faces de même espèce que $(ghik)$,

$$
(15)\quad
\left\{
\varkappa\{ghik\} = \begin{array}{ll}
ghik & gih\bar k \\
ighk & ihg\bar k, \\
higk & hgi\bar k
\end{array}
\qquad\qquad
\varkappa\{\bar g\bar h\bar i\bar k\} = \begin{array}{ll}
\bar g\bar h\bar i\bar k & \bar g\bar i\bar h k \\
\bar i\bar g\bar h\bar k & \bar i\bar h\bar g k. \\
\bar h\bar i\bar g\bar k & \bar h\bar g\bar i k
\end{array}
\right.
$$

Ici la forme $\{ghik\}$ est essentiellement distincte de la forme $\{ghi\bar k\}$. En permutant entre elles les trois premières caractéristiques, il faut remarquer que, si l'on veut rester dans la même forme cristalline, « toute permutation *non* « *circulaire* (*) des trois premières caractéristiques doit être accompagnée du « changement de signe de ces caractéristiques ou de la dernière », et récipro-

(*) Une permutation entre n lettres $abcde\ldots kl$ est dite circulaire, si, les lettres étant écrites aux sommets d'un polygone de n côtés, on les compte dans leur ordre naturel, à partir de l'une d'elles prise arbitrairement; les permutations circulaires de $abcd\ldots kl$ sont donc $bcd\ldots kla$, $cd\ldots klab$, etc.

« quement, que « tout changement de signe, soit des trois premières carac-
« téristiques à la fois, soit de la dernière seule, doit être accompagné d'une
« permutation non circulaire des trois premières caractéristiques. » Il est facile d'en conclure que toute forme du système ternaire peut être représentée par l'expression symbolique $\{g, h, \overline{g+h}, k\}$, dans laquelle g, h, k sont des nombres positifs ou au moins égaux à zéro. La face $(g, h, \overline{g+h}, k)$ sera dite alors la *face déterminante* de la forme.

La forme $\{h, g, \overline{g+h}, k\}$ pourra être appelée la forme *hémitropique* de la forme $\{g, h, \overline{g+h}, k\}$, puisqu'on passe de l'une à l'autre par une rotation de 180 degrés autour de l'axe principal, et $(h, g, \overline{g+h}, k)$ sera sa face déterminante.

Une face étant donnée, et son symbole étant (ghk) dans le système d'axes coordonnés adoptés par M. Miller pour les cristaux rhomboédriques, on peut demander ce que deviendra ce symbole dans le système des notations à quatre caractéristiques.

Soient (*fig.* 2) O l'origine, OGx, OHy, OIt les trois axes coordonnés des x, des y et des t, axes binaires de l'Assemblage, et XYZ le triangle élémentaire, dans le plan réticulaire le plus voisin du plan GHI. Les droites inclinées OX, OY, OZ sont les axes des x, des y et des z dans le système de M. Miller : je prends Ox, Oy, Ot, normales respectivement à OX, OY, OZ.

Soient (m, n, p) les coordonnées de G, dans le système de M. Miller,
(m', n', p') celles de H,
(m'', n'', p'') celles de I,
(m''', n''', p''') celles de l'extrémité de l'axe ternaire normal au plan.

En joignant ZG, et remarquant que OYZG est un parallélogramme, on trouve facilement

$$m = 0, \qquad n = -1, \quad p = 1,$$

et de même

$$m' = 1, \qquad n' = 0, \qquad p' = -1,$$

$$m'' = -1, \quad n'' = 1, \qquad p'' = 0;$$

on a d'ailleurs

$$m''' = 1, \qquad n''' = 1, \qquad p''' = 1.$$

Donc, d'après les formules générales de transformation, équations (58) de mon Mémoire sur les Systèmes de points, le nouveau symbole sera

$$(k - h, g - k, h - g, g + h + k),$$

ce que l'on peut indiquer par

$$(16) \qquad (ghk) = (k - h, g - k, h - g, g + h + k).$$

Si l'on eût pris OG', OH', OI' pour axes des coordonnées positives, on aurait eu

$$(17) \qquad (ghk) = (h - k, k - g, g - h, g + h + k).$$

Réciproquement, on trouvera facilement qu'à la notation $(ghik)$, dans le système formé par Ox, Oy, Ot et l'axe ternaire, correspond, dans le système d'axes de M. Miller, le symbole équivalent

$$(18) \qquad \big(k \pm (h - i),\ k \pm (i - g),\ k \pm (g - h)\big) = (ghik),$$

les signes supérieurs se rapportant au cas où les nouveaux axes coordonnés se dirigeraient, en s'élevant au-dessus du plan de la figure, suivant OX, OY, OZ, et les signes inférieurs au cas où les nouveaux axes se dirigeraient suivant OX', OY', OZ'.

Il importe de remarquer que les axes des x et des y ne forment plus ici un système d'axes qui soient conjugués avec l'axe des z; mais on pourra néanmoins les regarder comme tels, si l'on supprime par la pensée tous les Sommets contenus dans les plans réticulaires parallèles au plan des xy, et dont le numéro d'ordre n'est pas un multiple de 3 : j'ai démontré (théorème LXII de mon Mémoire sur les Systèmes de points) que cette suppression ne trouble pas la direction des plans réticulaires de l'Assemblage.

Notation à quatre caractéristiques dans le système binaire. — On continuera à supposer que l'Assemblage est construit d'après le mode hexaédral. L'axe binaire, placé verticalement, sera pris pour axe des z. Dans le plan réticulaire normal à cet axe, on construira un triangle élémentaire OGI' (*fig.* 1), ayant l'un de ses Sommets à l'origine O. L'un des deux côtés qui embrassent l'angle O, le côté OG par exemple, étant pris pour axe des x, OH parallèle à GI' sera pris pour axe des y, et OI prolongement de OI' pour l'axe auxiliaire. Les trois angles GOH, GOI, HOI seront les suppléments de OGI', GOI', OI'G; enfin l'on aura

$$\mathrm{OG} = a, \quad \mathrm{OH} = \mathrm{GI}' = b, \quad \mathrm{OI} = \mathrm{OI}' = c.$$

La notation de la face (ghk) prendra la forme $(ghik)$, à cause de l'axe auxiliaire situé sur le plan des xy.

La forme complète correspondant à cette face sera donnée par les formules

$$(19) \qquad \varkappa\{ghik\} = \frac{ghik}{\bar{g}\bar{h}\bar{i}k}, \qquad \varkappa\{\bar{g}\bar{h}\bar{i}\bar{k}\} = \frac{\bar{g}\bar{h}\bar{i}\bar{k}}{ghi\bar{k}}.$$

Il sera toujours permis de supposer que OGI' est le triangle principal du Réseau; alors les angles GOH, GOI, HOI seront obtus.

De plus, nous admettrons que l'on a

$$(20) \qquad a < b < c,$$

ce qui revient à prendre pour axe des x la Rangée de paramètre minimum du Réseau, et pour axe des y celle dont le paramètre est le plus petit, après la précédente.

Lorsqu'on passe de OG à OH et de OH à OI par une rotation allant de l'est à l'ouest par le sud, je dis que le cristal est *droit*. Lorsque la même rotation s'effectue de l'est à l'ouest par le nord, je dis que le cristal est *renversé :* dans ce cas, il suffira, pour le rendre droit, de le faire tourner de 180 degrés autour d'une droite quelconque située dans le plan des xy.

Ainsi on peut toujours supposer que le cristal est placé dans sa station droite, devant l'observateur qui l'examine : par là, la distinction entre la partie supérieure et la partie inférieure du cristal deviendra facile à établir.

J'admettrai encore que le cristal est ainsi tourné autour de son axe Oz vertical, que la ligne OGx soit dirigée vers l'est, c'est-à-dire de la gauche à la droite du spectateur supposé regardant vers le nord (*): le plan vertical mené suivant HI' aura alors pour symbole $(01\bar{1}0)$, et fera face au spectateur;

(*) C'est la supposition que l'on adopte dans l'orientation des cartes de géographie.

il y aura presque toujours dans le cristal une face bien développée, dirigée parallèlement à ce plan.

L'axe des y positives sera alors renfermé dans le quadrant sud-ouest, et l'axe auxiliaire dans le quadrant nord-ouest.

Ces conventions facilitent l'étude des cristaux du système binaire.

Elles sont pareillement applicables aux cristaux des systèmes sénaire et ternaire, et je supposerai toujours que la face $(01\bar{1}0)$ fait face au spectateur dans les cristaux de ces systèmes : toutes les faces de la forme $(01\bar{1}k)$ regarderont pareillement le spectateur, quoique n'étant pas verticales.

§ VI. — *Des formes restreintes et du nombre de leurs faces.*

Je nommerai *forme parallèle* une réunion de faces de même espèce assujetties à être chacune parallèle, soit à un même axe de symétrie du système, soit à des axes différents, mais de même espèce; il suffit que l'une des faces de la forme soit parallèle à un axe de symétrie pour que la forme soit parallèle. Dans le cas où l'axe auquel la face est parallèle serait d'ordre pair, celle-ci sera en même temps perpendiculaire sur le plan de symétrie qui est normal à cet axe dans l'Assemblage; la forme sera dite alors *forme orthoparallèle*.

Je nommerai *forme normale* une forme dont chaque face est assujettie à être normale à l'un des axes d'une même espèce : une forme normale peut être en même temps parallèle à un axe, soit d'ordre impair, soit d'ordre pair; dans ce dernier cas, elle sera désignée sous le nom de *forme normale orthoparallèle*.

Formes parallèles. — Si l'axe auquel la forme est parallèle est un axe d'ordre impair, la forme conserve toutes ses faces. La forme $\{ghi0\}$ dans le système ternaire, la forme $\{g, h, g \pm h\}$ dans le système terquaternaire, offrent cette circonstance. Si donc on nomme γ le coefficient de réduction du nombre des faces, on a, dans ce cas particulier,

$$\gamma = 1. \tag{21}$$

Si l'axe auquel la forme est parallèle est un axe d'ordre pair, c'est-à-dire si la forme est orthoparallèle, en faisant tourner (ghk) de 180 degrés autour de cet axe, la face $(g'h'k')$ ainsi obtenue est à la fois directement semblable à (ghk) par rapport à cet axe, et inversement semblable à (ghk), comme lui étant parallèle. Ainsi la demi-forme directe $\varkappa\{ghk\}$ et la demi-forme inverse $\varkappa\{\bar{g}\bar{h}\bar{k}\}$ coïncident, le nombre des faces devient moitié moindre et l'on a, pour les formes orthoparallèles,

$$(22) \qquad \gamma = \tfrac{1}{2}.$$

Cela résulte d'ailleurs du théorème LXXXIX de mon Mémoire sur les Systèmes de points.

Voici la liste des formes orthoparallèles dans les différents systèmes cristallins.

Système terquaternaire : deux espèces d'axes d'ordre pair; deux espèces de formes orthoparallèles.

Forme parallèle aux axes quaternaires; son symbole général est $\{gho\}$; tétrakishexaèdre des minéralogistes.

Forme parallèle aux axes binaires; son symbole général est $\{ghh\}$ ou $\{ggk\}$; triakisoctaèdre des minéralogistes, comprenant, comme simple variété, le trapézoèdre.

Ces deux formes sont à vingt-quatre faces.

La forme $\{g, h, g \pm h\}$ est parallèle aux axes ternaires; le polyèdre terminé par toutes les faces de la forme est alors un solide à quarante-huit faces.

Système sénaire : trois espèces d'axes d'ordre pair; trois espèces de formes orthoparallèles.

Forme parallèle à l'axe sénaire; son symbole général est $\{ghio\}$; prisme dodécaèdre indéfini.

Forme parallèle aux axes binaires de première espèce; son symbole est $\{go\overline{gk}\}$; birhomboèdre de première espèce des minéralogistes.

Forme parallèle aux axes binaires de deuxième espèce; son symbole est $\{gg\overline{2g}k\}$; birhomboèdre de deuxième espèce des minéralogistes.

Ces trois formes sont à douze faces.

Système quaternaire : comme dans le système précédent.

Forme parallèle à l'axe quaternaire; son symbole général est $\{gho\}$; prisme octaèdre indéfini.

Forme parallèle aux axes binaires de première espèce; son symbole est $\{go k\}$; quadratoctaèdre de première espèce des minéralogistes.

Forme parallèle aux axes binaires de deuxième espèce; son symbole est $\{ggk\}$; quadratoctaèdre de deuxième espèce.

Ces trois formes sont à huit faces.

Système ternaire : une seule espèce d'axe d'ordre pair; une seule espèce de forme orthoparallèle.

Forme parallèle aux axes binaires; son symbole est $\{go\overline{g}k\}$; rhomboèdre des minéralogistes.

Cette forme est à six faces, tandis que la forme générale en a douze.

La forme $\{ghio\}$ est parallèle à l'axe ternaire; elle doit donc avoir douze faces; c'est le prisme dodécaèdre des minéralogistes. Mais le solide résultant se distingue du scalénoèdre, qui est la forme oblique la plus générale, en ce que ses douze faces sont toutes parallèles à l'axe ternaire.

Le scalénoèdre comprend aussi comme cas particulier la forme birhomboédrique $\{gg\overline{2gk}\}$, qui n'est pas une forme parallèle, dans le système ternaire, et qui d'ailleurs embrasse douze faces.

Système terbinaire : trois espèces d'axes d'ordre pair; trois sortes de formes orthoparallèles.

La forme parallèle à l'axe des x a pour symbole $\{ohk\}$; celle parallèle à l'axe des y a pour symbole $\{gok\}$; celle parallèle à l'axe des z a pour symbole $\{gho\}$. prismes rhombes indéfinis.

Système binaire : un seul axe d'ordre pair; une seule forme orthoparallèle.

Forme parallèle, de symbole $\{ghio\}$, consistant en deux faces parallèles entre elles et à l'axe de symétrie du système.

Lorsqu'une face orthoparallèle est en même temps parallèle à un axe d'ordre impair, cette dernière particularité ne modifie pas le nombre des faces de la forme.

Lorsqu'une face orthoparallèle est en même temps parallèle à un autre axe d'ordre pair, alors en vertu du théorème XII de mon Mémoire sur les Polyèdres de forme symétrique (*), la droite normale au plan des deux

(*) *Journal de Mathématiques pures et appliquées*, tome XIV.

axes d'ordre pair sera nécessairement un axe de symétrie de l'Assemblage, et la forme, étant perpendiculaire à cette droite, sera une forme normale.

Formes normales. — Soit L^q l'axe auquel la forme est normale, et soit Q le nombre des axes de son espèce, dans l'Assemblage.

Je supposerai d'abord qu'il ne passe aucun plan de symétrie par cet axe.

Au moment où la face (ghk) devient normale à L^q, ses $q-1$ homologues par rapport à cet axe se confondent avec elle (théorème XC de mon Mémoire sur les Systèmes de points) : d'où l'on voit que le nombre total des faces se réduit de N à $\frac{N}{q}$. On a donc, pour les formes normales,

$$\gamma = \frac{1}{q}. \tag{23}$$

Les demi-formes directe et inverse restent distinctes; le nombre des faces de chacune de ces demi-formes est égal à $\frac{1}{2}\frac{N}{q}$.

Avant de passer outre, remarquons que le nombre des faces de la forme normale peut aussi s'exprimer par $2Q$; car, à chaque axe L^q correspondent une face telle que (ghk) et une autre face qui est son inverse et qui lui est parallèle : d'où l'on déduit l'équation

$$Qq = \frac{N}{2},$$

et, par suite, le théorème suivant :

Théorème III. — *Le numéro d'ordre d'un axe qui n'est contenu dans aucun des plans de symétrie d'un Assemblage donné, étant multiplié par le nombre des axes de son espèce, donne un produit constant égal à la moitié du nombre des faces d'une forme oblique.*

Lorsqu'un plan de symétrie P passe par l'axe L^q, la normale à P est un axe d'ordre pair faisant un angle de 90 degrés avec L^q; donc alors la forme normale à L^q est en même temps parallèle à un axe d'ordre pair, c'est-à-dire orthoparallèle.

Dans ce cas, non-seulement le nombre $\frac{1}{2}$ N des faces de chacune des demi-formes directe et inverse devient égal à $\frac{1}{2}\frac{N}{q}$; mais, de plus, ces deux demi-formes viennent se superposer, de sorte que le nombre total des faces est $\frac{1}{2}\frac{N}{q}$.

On a donc, pour les formes normales orthoparallèles,

$$(24) \qquad \gamma = \frac{1}{2q}.$$

Comme le nombre des faces de la forme est encore ici égal à 2Q, on en déduit ce nouveau théorème :

Théorème IV. — *Si l'on multiplie le numéro d'ordre d'un axe contenu dans un plan de symétrie de l'Assemblage par le nombre des axes de son espèce, on obtient un produit constant, égal au quart du nombre des faces d'une forme oblique du système.*

Les équations (21), (22), (23) et (24) résolvent complétement le problème de la réduction qu'une forme restreinte peut éprouver dans le nombre de ses faces.

Voici l'énumération des formes normales, dans les différents systèmes cristallins. A l'exception de la forme normale aux axes binaires dans les systèmes ternaire et binaire, elles sont toutes orthoparallèles.

Système terquaternaire : trois espèces d'axes ; trois formes normales.

Forme normale aux axes quaternaires, de symbole {100} ; cube.

Forme normale aux axes ternaires, de symbole {111} ; octaèdre régulier.

Forme normale aux axes binaires, de symbole {110} ; dodécaèdre rhomboïdal.

Système sénaire : trois espèces d'axes ; trois formes normales.

Forme normale à l'axe sénaire, de symbole {0001} ; deux faces parallèles, ou bases.

Forme normale aux axes binaires de première espèce, de symbole $\{11\bar{2}0\}$; prisme hexaèdre de deuxième espèce.

Forme normale aux axes binaires de deuxième espèce, de symbole $\{10\bar{1}0\}$; prisme hexaèdre de première espèce.

Système quaternaire : trois espèces d'axes ; trois formes normales.

Forme normale à l'axe quaternaire, de symbole {001} ; deux faces parallèles, ou bases.

Forme normale aux axes binaires de première espèce, de symbole {100} ; prisme carré de première espèce.

Forme normale aux axes binaires de deuxième espèce, de symbole {110} ; prisme carré de deuxième espèce.

Système ternaire : deux espèces d'axes ; deux formes normales.

Forme normale à l'axe ternaire, de symbole $\{0001\}$; deux faces parallèles, ou bases.

Forme normale aux axes binaires, de symbole $\{11\bar{2}0\}$; prisme hexaèdre de deuxième espèce.

La forme $\{10\bar{1}0\}$ n'est pas une forme normale, mais simplement un cas particulier de la forme parallèle $\{g o \bar{g} k\}$, qui est un rhomboèdre ; c'est le prisme hexaèdre de première espèce.

Système terbinaire : trois espèces d'axes ; trois formes normales.

Formes normales aux axes de première, de deuxième et de troisième espèces, ayant pour symboles $\{100\}$, $\{010\}$, $\{001\}$, suivant l'axe auquel elles sont normales ; la forme est à deux faces parallèles.

Système binaire : une seule espèce d'axe ; une seule forme normale.

Forme normale à l'axe binaire, de symbole $\{0001\}$; elle consiste en deux faces parallèles, bases du cristal.

§ VII. — *Application de la théorie des Assemblages polaires à la méthode des zones.*

Définitions. — Les cristallographes entendent par *zone* un système de faces parallèles à une même droite, que l'on désigne sous le nom d'*axe de zone :* en d'autres termes, une zone est l'ensemble des plans réticulaires passant par une Rangée déterminée de l'Assemblage.

Le plan qui contient les normales abaissées, à partir d'un point pris arbitrairement dans l'intérieur du cristal, sur les faces composantes de la zone, se nomme le *plan du cercle de zone :* il est normal à l'axe de zone. Prolongé jusqu'à la surface de la sphère de projection dont le cristal est censé occuper le centre, ce plan la coupe suivant un grand cercle qui a reçu le nom de *cercle de zone*, et qui contient les pôles des grands cercles de toutes les faces composantes. Chacun de ces pôles est le point d'intersection de la sphère avec la normale abaissée du centre du cristal sur la face, et prolongée indéfiniment : on le nomme le *pôle de la face.*

Nous supposerons que le centre de la sphère de projection est un des Sommets de l'Assemblage. Ce Sommet sera pris pour origine des coordonnées; il sera aussi l'origine des coordonnées de l'Assemblage polaire qui correspond à l'Assemblage donné.

On imaginera construit cet Assemblage polaire dont les propriétés principales ont été exposées dans le § VI de mon Mémoire sur les Systèmes de points. On devra se rappeler que tout plan normal à la Rangée *mnp* a pour symbole $[(mnp)]$, et que toute droite normale au plan réticulaire (ghk) a pour symbole $[ghk]$.

On démontre alors facilement les théorèmes suivants :

Théorème V. — *Tout axe de zone est une Rangée de l'Assemblage qui constitue le cristal.*

C'est une conséquence des corollaires du théorème XXXI de mon Mémoire sur les Systèmes de points. Ordinairement les axes de zone sont en même temps des arêtes du cristal.

Théorème VI. — *Tout cercle de zone est un plan réticulaire de l'Assemblage polaire, et réciproquement.*

Car le cercle de zone est normal à l'axe de zone; donc il appartient à l'Assemblage polaire dont il est l'un des plans réticulaires. (Théorème CVII, Mémoire sur les Systèmes de points.)

Théorème VII. — *Si un axe de zone a pour symbole* ghk, *son cercle de zone aura pour symbole* $[(ghk)]$.

C'est encore une conséquence du théorème CVII. On voit que les deux symboles de l'axe de zone et du cercle de zone sont formés des mêmes caractéristiques.

Une zone est déterminée, lorsqu'on connaît le symbole de son axe de zone, ou, ce qui revient au même, celui de son cercle de zone.

Problème I. — *Déterminer une zone dont on connaît deux faces* (ghk), $(g'h'k')$.

C'est trouver son axe de zone *mnp*, ou son cercle de zone $[(mnp)]$.

Puisque le point (m, n, p) doit appartenir aux deux faces (ghk), $(g'h'k')$, on a

$$gm + hn + kp = 0,$$
$$g'm + h'n + k'p = 0,$$

d'où l'on déduit

$$(25)\qquad m = \frac{hk' - kh'}{D},\qquad n = \frac{kg' - gk'}{D},\qquad p = \frac{gh' - hg'}{D};$$

D est le plus grand diviseur commun des trois numérateurs. Ainsi le symbole du cercle de zone sera $[(hk'-kh',\ kg'-gk',\ gh'-hg')]$, et l'on se rappellera que l'on doit supprimer les facteurs communs aux trois caractéristiques.

PROBLÈME II. — *Déterminer une face, sachant qu'elle appartient à deux zones dont les axes de zone sont* mnp, m′n′p′.

Soit (ghk) le symbole de la face; on aura, pour la déterminer, les deux équations

$$gm + hn + kp = 0,$$

$$gm' + hn' + kp' = 0;$$

d'où l'on déduit

$$(26) \qquad g = \frac{np'-pn'}{D}, \qquad h = \frac{pm'-mp'}{D}, \qquad k = \frac{mn'-nm'}{D}:$$

ce sont les équations (35) de mon Mémoire sur les Systèmes de points. Le symbole de la face pourra s'écrire $(np'-pn',\ pm'-mp',\ mn'-nm')$, pourvu qu'on ait le soin de supprimer les facteurs communs aux trois caractéristiques.

PROBLÈME III. — *Une face étant dans la même zone que les faces* (ghk), $(g'h'k')$, *et dans la même zone que les faces* $(g''h''k'')$, $(g'''h'''k''')$, *on demande de déterminer ses caractéristiques.*

L'axe de la première zone aura pour symbole

$$hk'-kh',\ kg'-gk',\ gh'-hg';$$

l'axe de la deuxième zone aura pour symbole

$$h''k'''-k''h''',\ k''g'''-g''k''',\ g''h'''-h''g''',$$

et, en prenant les différences entre les produits croisés, on aura le symbole de la face.

THÉORÈME VIII. — *Le plan réticulaire* (ghk) *qui, passant par l'origine, contient les Rangées* mnp, m′n′p′, *contient aussi toutes les Rangées dont le symbole est de la forme* jm + j′m′, jn + j′n′, jp + j′p′, j *et* j′ *étant deux nombres entiers quelconques.*

Car, puisque le plan (ghk) contient les Sommets (m, n, p), (m', n', p'), on a

$$gm + hn + kp = 0,$$
$$gm' + hn' + kp' = 0;$$

donc aussi

$$g(jm + j'm') + h(jn + j'n') + k(jp + j'p') = 0;$$

donc ce plan contient le Sommet dont les coordonnées sont $jm + j'm'$, $jn + j'n'$, $jp + j'p'$.

THÉORÈME IX. — *Réciproquement, le symbole de toute Rangée* MNP *située dans le plan réticulaire qui contient les Rangées* mnp, m′n′p′, *peut être mis sous la forme* mj + m′j′, nj + n′j′, pj + p′j′, j *et* j′ *étant deux nombres entiers convenablement choisis.*

En effet, soit pris arbitrairement une Rangée quelconque $m''n''p''$ extérieure au plan donné, et posons, pour abréger,

$$mn'p'' - mp'n'' + pm'n'' - nm'p'' + np'm'' - pn'm'' = (mn'p''),$$

$$mn' - nm' = (mn'),\quad (nm'' - mn'') = (nm''),\quad (m'n'' - n'm'') = (m'n''),$$

$$pm' - mp' = (pm'),\quad mp'' - pm'' = (mp''),\quad (p'm'' - m'p'') = (p'm''),$$

$$np' - pn' = (np'),\quad (pn'' - np'') = (pn''),\quad (n'p'' - p'n'') = (n'p'').$$

On a identiquement

$$\begin{aligned} M = {} & \frac{m(n'p'') + m'(pn'') + m''(np')}{(mn'p'')}M \\ & + \frac{m(p'm'') + m'(mp'') + m''(pm')}{(mn'p'')}N \\ & + \frac{m(m'n'') + m'(nm'') + m''(mn')}{(mn'p'')}P. \end{aligned}$$

Développons, par rapport à m, m', m'', en remarquant que l'on a

$$M(np') + N(pm') + P(mn') = 0,$$

attendu que la Rangée MNP est située dans le plan donné, et posons en outre

$$M(n'p'') + N(p'm'') + P(m'n'') = j,$$
$$M(pn'') + N(mp'') + P(nm'') = j';$$

il viendra

$$M = \frac{mj + m'j'}{(mn'p'')}.$$

En opérant de même sur les caractéristiques N et P, on trouvera

$$N = \frac{nj + n'j'}{(mn'p'')},$$
$$P = \frac{pj + p'j'}{(mn'p'')};$$

donc la Rangée qui a pour symbole $mj + m'j'$, $nj + n'j'$, $pj + p'j'$ ne différera pas de la Rangée MNP, et l'on passera de ce dernier symbole au précédent par l'introduction du facteur commun $(mn'p'')$.

Problème IV. — *Trouver toutes les Rangées contenues dans le plan* (ghk).

Soit MNP une telle Rangée ; on aura l'équation de condition

$$gM + hN + kP = 0,$$

qui exprime que le Sommet (M, N, P) appartient au plan.

Si l'on a deux solutions distinctes (m, n, p), (m', n', p') de l'équation ci-dessus, toutes les autres solutions seront, en vertu du théorème précédent, contenues dans les formules

$$(27) \qquad \begin{cases} M = jm + j'm', \\ N = jn + j'n', \\ P = jp + j'p', \end{cases}$$

j et j' étant deux nombres entiers arbitrairement choisis.

Problème V. — *Trouver toutes les faces contenues dans la zone* mnp.

C'est trouver dans l'Assemblage polaire toutes les Rangées contenues dans le cercle de zone $[(mnp)]$.

Soit $[GHK]$ une telle Rangée ; on doit avoir la relation

$$Gm + Hn + Kp = 0.$$

Si l'on a deux solutions de l'équation ci-dessus, c'est-à-dire deux faces (ghk), $(g'h'k')$ appartenant à la zone mnp, toutes les autres solutions seront données par les formules

$$(28)\qquad \begin{cases} G = jg + j'g', \\ H = jh + j'h', \\ K = jk + j'k', \end{cases}$$

j et j' étant deux nombres entiers convenablement choisis.

THÉORÈME X. — *Toute Rangée* MNP *satisfaisant à l'inégalité*

$$M^2 + N^2 + P^2 > 2,$$

peut être considérée comme fournie par l'intersection de deux plans réticulaires distincts, dont l'un contient les Rangées mnp, m'n'p', *l'autre les Rangées* m''n''p'', m'''n'''p''', *ces quatre Rangées étant telles que les sommes de carrés,* $m^2 + n^2 + p^2$, $m'^2 + n'^2 + p'^2$, $m''^2 + n''^2 + p''^2$, $m'''^2 + n'''^2 + p'''^2$, *soient toutes les quatre inférieures à la somme* $M^2 + N^2 + P^2$.

Premier cas. — Aucune des caractéristiques n'est égale à zéro.

Alors la Rangée MNP est située dans le plan contenant les Rangées MNo et oo1 : car, en faisant $j = 1$, $j' = P$ (solution du problème IV), on trouve le symbole MNP.

De même la Rangée MNP est située dans le plan qui contient MoP, o1o, et aussi dans le plan qui contient oNP, 1oo; ces deux plans, ainsi que le précédent, sont essentiellement distincts. De plus, les sommes des carrés des caractéristiques sont évidemment moindres que $M^2 + N^2 + P^2$.

Deuxième cas. — Une des caractéristiques est égale à zéro; les autres surpassent l'unité en valeur absolue.

Je supposerai que la troisième caractéristique soit nulle, et que le symbole de la Rangée donnée soit MNo. La solution qui convient au cas précédent devient alors illusoire, et l'on devra opérer de la manière suivante :

On prendra pour premier plan réticulaire contenant la Rangée donnée MNo, le plan des xy, lequel contient les Rangées o1o et 1oo.

On prendra pour second plan réticulaire celui qui contient les Rangées Mo1 et oN$\bar{1}$; en ajoutant deux à deux les caractéristiques, on retombe sur MNo, ce qui suffit à prouver que cette Rangée est contenue dans ce plan (théorème VIII). Les sommes $M^2 + 1$, $N^2 + 1$ sont d'ailleurs inférieures à $M^2 + N^2$, sauf dans le cas où l'une des caractéristiques serait égale à ± 1, cas que nous allons examiner en dernier lieu.

Troisième cas. — Une des caractéristiques est égale à zéro, une autre à ± 1.

Supposons que l'on ait $N = \pm 1$; on pourra, si M est négatif, changer les signes des trois caractéristiques, ce qui est toujours permis : ainsi, dans $M\overset{\pm}{1}0$, M pourra toujours être réputé positif, sans nuire à la généralité de la démonstration. En outre, on posera $M = 1 + M'$, M' étant un nombre entier positif et nécessairement plus grand que zéro.

On continuera à prendre pour premier plan réticulaire le plan des xy; on prendra ensuite pour deuxième plan réticulaire, distinct du précédent, celui qui passe par $M'\overset{\pm}{1}1$ et par $10\bar{1}$. Ce plan contient la Rangée $M\overset{\pm}{1}0$: on le voit en ajoutant deux à deux les caractéristiques de même rang. Or, puisque $M' + 1 = M$, on a

$$M'^2 + 1 + 1 < M^2 + 1.$$

Donc les quatre sommes des carrés des caractéristiques seront inférieures à $M^2 + 1$.

Enfin, lorsque $M^2 + N^2 + P^2$ est égal à 2, ce qui arrive lorsque l'une des caractéristiques est nulle, et les deux autres de valeur absolue égale à 1, la somme des carrés des caractéristiques n'est plus susceptible d'un abaissement ultérieur.

Corollaire. — De même que l'on peut faire dériver la Rangée MNP de quatre Rangées à caractéristiques plus simples, par les intersections des plans qui contiennent ces dernières Rangées, de même on peut faire dériver ces dernières d'autres plus simples encore, jusqu'à ce qu'on arrive à celles dont la somme des carrés des caractéristiques est égale à 1 ou à 2, c'est-à-dire aux Rangées 100, 010, 001 qui sont les trois arêtes du parallélipipède générateur de l'Assemblage, ou aux Rangées 110, $1\bar{1}0$, 101, $10\bar{1}$, 011, $01\bar{1}$, qui représentent les diagonales de ses faces.

Théorème XI. — *Toute face* (GHK) *satisfaisant à l'inégalité*

$$G^2 + H^2 + K^2 > 2,$$

peut être déterminée par l'intersection de deux zones distinctes, dont l'une contient les faces (ghk), $(g'h'k')$, *l'autre les faces* $(g''h''k'')$, $(g'''h'''k''')$, *telles que les sommes* $g^2 + h^2 + k^2$, $g'^2 + h'^2 + k'^2$, $g''^2 + h''^2 + k''^2$, $g'''^2 + h'''^2 + k'''^2$ *soient, toutes les quatre, moindres que* $G^2 + H^2 + K^2$.

C'est une conséquence du théorème X. La normale à la face (GHK) est la Rangée de symbole [GHK] dans l'Assemblage polaire; on peut lui substituer deux plans réticulaires contenant tous les deux [GHK], et, de plus, passant l'un par $[ghk]$, $[g'h'k']$, l'autre par $[g''h''k'']$, $[g'''h'''k''']$, les quatre sommes des carrés des caractéristiques de ces Rangées étant moindres que celle relative à la Rangée [GHK]. Ces plans réticulaires représentent les deux cercles de zone qui contiennent, l'un les normales aux faces (GHK), (ghk), $(g'h'k')$, l'autre les normales aux faces (GHK), $(g''h''k'')$, $(g'''h'''k''')$: donc (GHK) appartient à la fois à ces deux zones, et peut être déterminé par leur intersection.

Corollaire. — De même que l'on peut déduire la face (GHK) de quatre autres faces à caractéristiques plus simples, par l'intersection de deux zones, de même on déduira celles-ci d'autres plus simples encore, jusqu'à ce que l'on arrive aux faces (100), (010), (001) qui sont les faces du parallélipipède élémentaire, et aux faces (110), $(1\bar{1}0)$, (101), $(10\bar{1})$, (011), $(01\bar{1})$ qui sont parallèles aux six plans diagonaux de ce parallélipipède. La *fig.* 3 représente, en projection sur le plan normal à l'axe des z, les lieux qu'occupent les pôles de ces neuf faces sur la sphère de projection.

Théorème XII (*). — *Le pôle d'une face quelconque* (ghk) *peut être déterminé, sur la sphère de projection, par les intersections successives de cercles de zone obtenus en joignant deux à deux d'autres pôles préalablement connus de position, pourvu que l'on assigne d'avance les lieux des pôles des quatre faces* (100), (010), (001), (111).

D'après le corollaire précédent, on peut toujours déduire la position d'un pôle quelconque de celle des pôles dont les carrés des caractéristiques forment une somme inférieure à 3. Il reste à faire voir comment ces derniers peuvent se déduire des quatre pôles (100), (010), (001), (111).

Le pôle (011) (*fig.* 3) est placé à la rencontre du cercle de zone passant par (001) et (010) avec le cercle de zone passant par (100) et (111).

(*) Ce théorème a déjà été démontré par M. Miller dans son *Traité de Cristallographie*.

De même, le pôle (101) est à la rencontre des deux cercles de zone passant l'un par (001), (100), l'autre par (010) et (111).

Le pôle (110), ainsi que $(\bar{1}\bar{1}0)$ sont à la rencontre des cercles de zone passant l'un par (100), (010), l'autre par (001) et (111).

Ces trois pôles étant fixés, on obtiendra :

Le pôle $(0\bar{1}1)$, par la rencontre du cercle de zone passant par (001), (010) avec le cercle de zone passant par (101), (110) ;

Le pôle $(\bar{1}01)$, par la rencontre du cercle de zone passant par (001), (100) avec le cercle de zone passant par (011), (110) ;

Enfin les pôles $(1\bar{1}0)$, (110), par la rencontre du cercle de zone passant par (010), (100) avec le cercle de zone passant par (011), (101).

Ces différents modes de dérivation sont indiqués par les lignes de la *fig.* 3.

Il ne faut pas oublier qu'à tout pôle, sur la sphère de projection, en correspond un autre diamétralement opposé, et dont les caractéristiques offrent des signes précisément contraires.

Donc, au moyen des quatre pôles primitivement donnés, on peut, de proche en proche et par des intersections successives, obtenir tous les autres pôles.

Scolie. — Ce théorème a une certaine importance en cristallographie, lorsqu'on emploie la méthode des zones pour la détermination des caractéristiques des faces ; il importe en effet de savoir d'avance qu'aucune face du cristal n'échappera à l'emploi de cette méthode.

PROBLÈME VI. — *Connaissant les positions relatives des arêtes d'un cristal, trouver son parallélipipède générateur.*

La solution du problème offre un exemple de la réciprocité remarquable qui existe entre un Assemblage et son polaire.

Menez tangentiellement à la sphère de rayon 1 des plans normaux aux arêtes données ; vous aurez un polyèdre clos de toutes parts, et qui pourra être considéré comme taillé dans l'Assemblage polaire de l'Assemblage des molécules du cristal. Déterminez son système cristallin et la forme de son parallélipipède générateur, par les procédés ordinaires de la cristallographie, et enfin l'Assemblage polaire correspondant, par les méthodes exposées dans les solutions des problèmes XXXII et suivants de mon Mémoire sur les Systèmes de points.

§ VIII. — *Calcul des angles d'un cristal.*

On peut demander de déterminer soit l'angle que font deux arêtes entre elles, soit l'inclinaison d'une arête sur une face, soit l'angle dièdre de deux faces : la détermination des angles dièdres a beaucoup occupé les cristallographes, à cause de l'intérêt pratique qu'elle présente.

Il ne sera pas sans intérêt de montrer que toutes les formules proposées peuvent se ramener à une formule unique qui, une fois ses constantes déterminées, donne, au moyen de trois logarithmes, la valeur d'un angle dièdre quelconque du cristal.

Nous continuerons à nommer a, b, d, les paramètres des axes des x, des y et des z, α, β, δ les angles plans, μ, ν, ϖ les angles dièdres de ces axes, E l'intervalle moyen des Sommets ou molécules, enfin $[a]$, $[b]$, $[d]$ les paramètres des axes des $[x]$, des $[y]$ et des $[z]$ dans l'Assemblage polaire correspondant. Je rappellerai que l'on a, par le mode même de construction de cet Assemblage,

$$(29) \qquad [a]=\frac{bd\sin\alpha}{E}, \quad [b]=\frac{ad\sin\beta}{E}, \quad [d]=\frac{ab\sin\delta}{E},$$

$$(30) \qquad E^3=abd\sin\alpha\sin\beta\sin\varpi=abd\sin\alpha\sin\delta\sin\nu=abd\sin\beta\sin\delta\sin\mu.$$

Problème VII. — *Trouver l'angle de deux Rangées dont les symboles sont* mnp, m′n′p′.

Soient OT, OT′ (*fig.* 4) les deux Rangées données.

L'équation du plan OTT′ est (équation 34, Mémoire sur les Systèmes de points)

$$(np'-pn')x+(pm'-mp')y+(mn'-nm')z=0.$$

Nommons D le diviseur commun de ces trois binômes, représentons-les par (np'), (pm'), (mn'), et désignons par g, h, k les quotients de ces binômes par D; nous aurons

$$(np')=gD, \quad (pm')=hD, \quad (mn')=kD;$$

(ghk) sera le symbole du plan OTT′; S(ghk) sera l'aire du parallélogramme élémentaire du Réseau de ce plan, et, si nous achevons le parallélogramme OTT'T'', nous aurons, en vertu de l'équation (45) du Mémoire sur les Systèmes de points,

$$\text{aire } \mathrm{OTT'T''} = \mathrm{DS}(ghk);$$

mais, d'autre part, en désignant par $(\widehat{\mathrm{P},\mathrm{P}'})$ l'angle TOT', et par $\mathrm{P}mnp$, $\mathrm{P}m'n'p'$ les paramètres OT, OT', on a

$$\text{aire } \mathrm{OTT'T''} = \mathrm{P}mnp\ \ \mathrm{P}m'n'p'\ \sin(\widehat{\mathrm{P},\mathrm{P}'});$$

d'où l'on déduit la valeur suivante de $\sin(\widehat{\mathrm{P},\mathrm{P}'})$,

$$(31)\qquad \sin(\widehat{\mathrm{P},\mathrm{P}'}) = \frac{\mathrm{DS}(ghk)}{\mathrm{P}mnp\ \ \mathrm{P}m'n'p'}.$$

On pourrait conclure de cette formule l'angle $(\widehat{\mathrm{P},\mathrm{P}'})$; mais elle offre l'inconvénient de fournir deux valeurs supplémentaires.

On lèvera cette difficulté, en remarquant que les triangles OTT'', OTT' donnent

$$\mathrm{OT}''^2 = \mathrm{OT}^2 + \mathrm{OT}'^2 + 2\mathrm{OT}.\mathrm{OT}'.\cos(\widehat{\mathrm{P},\mathrm{P}'}),$$

$$\mathrm{TT}'^2 = \mathrm{OT}^2 + \mathrm{OT}'^2 - 2\mathrm{OT}.\mathrm{OT}'.\cos(\widehat{\mathrm{P},\mathrm{P}'});$$

d'où

$$\cos(\widehat{\mathrm{P},\mathrm{P}'}) = \frac{\frac{1}{4}(\mathrm{OT}''^2 - \mathrm{TT}'^2)}{\mathrm{OT}.\mathrm{OT}'},$$

et, comme l'on a d'ailleurs,

$$\mathrm{OT}'' = \mathrm{P}m+m', n+n', p+p',$$

$$\mathrm{TT}' = \mathrm{P}m-m', n-n', p-p',$$

il vient enfin

$$(32)\ \cos(\widehat{\mathrm{P},\mathrm{P}'}) = \frac{\frac{1}{4}(\mathrm{P}^2m+m',n+n',p+p' - \mathrm{P}^2m-m',n-n',p-p')}{\mathrm{P}mnp\ \ \mathrm{P}m'n'p'},$$

et, en divisant (31) par (32),

$$(33)\ \operatorname{tang}(\widehat{\mathrm{P},\mathrm{P}'}) = \frac{\mathrm{DS}(ghk)}{\frac{1}{4}(\mathrm{P}^2m+m',n+n',p+p' - \mathrm{P}^2m-m',n-n',p-p')},$$

valeurs qui ne sont sujettes à aucune ambiguïté.

La formule (33) est la plus convenable dans la pratique, parce qu'elle n'exige que trois logarithmes au lieu de quatre, et parce que le facteur $S(ghk)$ est constant pour toutes les arêtes appartenant à la même face.

Si maintenant l'on met l'équation (73) de mon Mémoire sur les Systèmes de points, sous la forme

$$(34)\qquad S^2(ghk)=E^2\left[g^2[a]^2+h^2[b]^2+k^2[d]^2-2gh[a][b]\cos\varpi-2gk[a][d]\cos\nu-2hk[b][d]\cos\mu\right],$$

et, si l'on se rappelle que l'on a

$$(35)\qquad P^2\,mnp=m^2a^2+n^2b^2+p^2d^2+2mn\,ab\cos\delta+2mp\,ab\cos\delta+2np\,bd\cos\alpha,$$

on aura, en développant le dénominateur de (33), et remplaçant au numérateur Dg, Dh, Dk par (np'), (pm'), (mn'),

$$(36)\qquad \tang(\widehat{P,P'})=\frac{E\sqrt{(np')^2[a]^2+(pm')^2[b]^2+(mn')^2[d]^2-2(np')(pm')[a][b]\cos\varpi-2(np')(mn')[a][d]\cos\nu-2(pm')(mn')[b][d]\cos\mu}}{mm'a^2+nn'b^2+pp'd^2+(mn'+nm')ab\cos\delta+(mp'+pm')ad\cos\beta+(np'+pn')bd\cos\alpha}.$$

Lorsque les douze coefficients

$$E^2[a]^2,\ E^2[b]^2,\ E^2[d]^2,\ 2E^2[a][b]\cos\varpi,\ 2E^2[a][d]\cos\nu,\ 2E^2[b][d]\cos\mu,$$
$$a^2,\ b^2,\ d^2,\ ab\cos\delta,\ ad\cos\beta,\ bd\cos\alpha,$$

auront été calculés une fois pour toutes, en les multipliant par des nombres entiers toujours assez simples, on aura l'angle $(\widehat{P,P'})$ au moyen de trois logarithmes.

Problème VIII. — *Trouver l'angle des deux faces* (ghk), $(g'h'k')$.

Cet angle est le supplément de l'angle des deux normales aux faces : or ces normales ont pour symboles $[ghk]$, $[g'h'k']$ dans l'Assemblage polaire. On pourra donc se servir de la formule (36), en y remplaçant

$$m, n, p, m', n', p', \text{ par } g, h, k, g', h', k',$$
$$a, b, d, [a], [b], [d], \text{ par } [a], [b], [d], a, b, d,$$
$$\alpha, \beta, \delta, \text{ par } 180^\circ-\mu,\ 180^\circ-\nu,\ 180^\circ-\varpi,$$
$$\mu, \nu, \varpi, \text{ par } 180^\circ-\alpha,\ 180^\circ-\beta,\ 180^\circ-\gamma,$$
$$(\widehat{P,P'}) \text{ par } 180^\circ-(\widehat{F,F'});$$

on aura alors

$$(37)\qquad \tang(\widehat{F,F'})=\frac{-E\sqrt{(hk')^2a^2+(kg')^2b^2+(gh')^2d^2+2(hk')(kg')ab\cos\delta+2(hk')(gh')ad\cos\beta+2(kg')(gh')bd\cos\alpha}}{gg'[a]^2+hh'[b]^2+kk'[d]^2-(gh'+hg')[a][b]\cos\varpi-(gk'+kg')[a][d]\cos\nu-(hk'+kh')[b][d]\cos\mu}.$$

La quantité sous le radical divisée par le carré du commun diviseur des binômes (gh'), (hk'), (kg'), représente le carré du paramètre de l'axe de la zone qui contient les faces (ghk), $(g'h'k')$; ce quotient reste donc constant dans toute l'étendue de la zone.

Lorsque les douze coefficients

$$E^2a^2,\ E^2b^2,\ E^2d^2,\ 2E^2ab\cos\delta,\ 2E^2ad\cos\beta,\ 2E^2bd\cos\alpha,$$

$$[a]^2,\ [b]^2,\ [d]^2,\ [a][b]\cos\varpi,\ [a][d]\cos\nu,\ [b][d]\cos\mu,$$

auront été calculés une fois pour toutes, on aura facilement l'angle dièdre $(\widehat{F, F'})$ au moyen de trois logarithmes.

Il est utile de remarquer que l'équation (37) peut se mettre sous la forme

$$\tang(\widehat{F, F'}) = \frac{-EP(hk'),(kg'),(gh')}{gg'[a]^2 + hh'[b]^2 + kk'[d]^2 - (gh'+hg')[a][b]\cos\varpi - (gk'+kg')[a][d]\cos\nu - (hk'+kh')[b][d]\cos\mu},$$

où le terme $P(hk'), (kg'), (gh')$ est le paramètre de l'axe de la zone qui contient les faces F et F′, ou l'un des multiples de ce paramètre.

Nous allons maintenant chercher ce que devient la formule (37), dans le système binaire, lorsque la notation des faces comprend quatre caractéristiques.

Problème IX. — *Trouver l'angle des deux faces $(ghik)$, $(g'h'i'k')$, dans le système binaire.*

Si l'on se borne à considérer les trois axes des x, des y et des z, dont le dernier est normal au plan des deux autres, les caractéristiques i et i' disparaissent, et, en faisant

$$\alpha = \beta = 90^\circ,$$

$$\mu = \nu = 90^\circ,$$

$$\varpi = \delta,$$

on trouve

$$(38)\quad \tang(\widehat{F, F'}) = \frac{-E\sqrt{(gh')^2d^2 + (hk')^2a^2 + (kg')^2b^2 + 2(hk')(kg')ab\cos\delta}}{kk'[d]^2 + gg'[a]^2 + hh'[b]^2 - (gh'+hg')[a][b]\cos\delta}.$$

Soit mnp l'axe de la zone des faces F et F′, de sorte que l'on ait

$$m = \frac{(hk')}{D} = \frac{-(kh')}{D},\quad n = \frac{(kg')}{D},\quad p = \frac{(gh')}{D};$$

la quantité sous le signe $\sqrt{}$ aura pour valeur $D^2\,P^2\,mnp$.

Or, si l'on projette le Sommet (m, n, p) sur le plan des xy en (m, n, o), on aura évidemment

$$(39) \qquad P^2 mnp = p^2 d^2 + P^2 mno.$$

Rétablissons maintenant l'axe auxiliaire de paramètre c, satisfaisant aux conditions de position énoncées à la page 23, et faisons reparaître les caractéristiques i et i'.

La Rangée mno peut être considérée comme appartenant au Réseau du plan des xy, envisagé indépendamment de l'Assemblage : elle est susceptible, les axes des x et des y restant les mêmes, de recevoir un symbole de la forme (gh) (Mémoire sur les Systèmes de points, page 11), et en ne tenant pas compte du facteur commun qui peut exister entre m et n, ce symbole sera $(-n, m)$, puisque la Rangée va de l'origine au point (m, n) ; l'on peut aussi lui assigner un symbole de la forme (ghi) (même Mémoire, page 18), et alors le nouveau symbole sera $(-n, m, -m+n)$, puisque la somme des trois caractéristiques doit être égale à zéro. Alors, en vertu de la formule (22) du Mémoire cité, on aura

$$P^2 mno = -m(-m+n)a^2 + n(-m+n)b^2 + mnc^2.$$

Or, on a d'autre part

$$-m+n = \frac{(kh')+(kg')}{D} = \frac{-(ki')}{D},$$

en tenant compte de ce que les sommes $g+h+i$, $g'+h'+i'$ sont égales à zéro.

Si l'on substitue cette valeur et celles de m et n dans $P^2 mno$, il vient

$$P^2 mno = \frac{-(kh')(ki')a^2 - (kg')(ki')b^2 - (kg')(kh')c^2}{D^2}.$$

Substituant de nouveau dans l'équation (39), multipliant par D^2, et remarquant que Dp est égal à (gh'), on trouve

$$(40) \quad D^2 P^2 mnp = (gh')^2 d^2 - (kh')(ki')a^2 - (kg')(ki')b^2 - (kg')(kh')c^2;$$

telle est la valeur de la quantité contenue sous le radical de l'expression de tang $(\widehat{F, F'})$: on peut y remplacer $(gh')^2$ par les quantités équivalentes $(gi')^2$, ou $(hi')^2$.

On peut effectuer sur le dénominateur une transformation analogue. En effet, d'après les formules de la page 121 de mon Mémoire sur les Systèmes de points, on a

$$[a] = \frac{db}{E}, \qquad [b] = \frac{da}{E};$$

or le triangle GOI' de la *fig.* 1, dans lequel on a

$$OG = a, \quad GI' = b, \quad OI' = c, \quad OGI' = 180^\circ - \delta,$$

fournit la relation

$$2ab \cos\delta = c^2 - a^2 - b^2;$$

donc

$$[a]\,[b] \cos\delta = \frac{d^2}{2E^2}(c^2 - a^2 - b^2).$$

Si l'on substitue dans le dénominateur de tang $(\widehat{F, F'})$ ces valeurs de $[a]$, $[b]$, $[a][b]\cos\delta$, il prend la forme

$$kk'[d]^2 + \frac{d^2}{2E^2}[2gg'b^2 + 2hh'a^2 - (gh' + hg')(c^2 - a^2 - b^2)];$$

développant, et remplaçant $g + h$ par $-i$, $g' + h'$ par $-i'$, il devient

$$kk'[d]^2 + \frac{d^2}{2E^2}[-(hi' + ih')a^2 - (gi' + ig')b^2 - (gh' + hg')c^2].$$

D'où l'on voit que la formule (38), après avoir multiplié haut et bas par E^2, se change en

$$(41) \qquad \text{tang}\,(\widehat{F,F'}) = \frac{-E^3\sqrt{(gh')^2 d^2 - (kh')(ki')a^2 - (kg')(ki')b^2 - (kg')(kh')c^2}}{kk'[d]^2 E^2 - \left(\frac{hi' + ih'}{2}\right)a^2 d^2 - \left(\frac{gi' + ig'}{2}\right)b^2 d^2 - \left(\frac{gh' + hg'}{2}\right)c^2 d^2}.$$

On peut substituer maintenant aux paramètres a, b, c, d des lignes trigonométriques dépendant d'angles immédiatement observables sur le cristal.

Divisons haut et bas par $[d]^2\,E^2$, et posons

$$\frac{d}{[d]\,E} = \Phi;$$

puis, à cause de $[d] = \frac{E^2}{d}$ (Mémoire sur les Systèmes de points, page 121), posons encore

$$\Phi = \frac{d^2}{E^3} = \frac{E}{[d]^2}; \tag{42}$$

nous changerons (41) en

$$\operatorname{tang}(\widehat{F,F'}) = \frac{-\sqrt{(gh')^2\Phi^2 d^2 - (kh')(ki')\Phi^2 a^2 - (kg')(ki')\Phi^2 b^2 - (kg')(kh')\Phi^2 c^2}}{kk' - \left(\frac{hi'+ih'}{2}\right)\Phi^2 a^2 - \left(\frac{gi'+ig'}{2}\right)\Phi^2 b^2 - \left(\frac{gh'+hg'}{2}\right)\Phi^2 c^2}, \tag{43}$$

formule qui n'exige que le calcul préliminaire de quatre coefficients, $\Phi^2 a^2$, $\Phi^2 b^2$, $\Phi^2 c^2$ et $\Phi^2 d^2$.

Représentons maintenant l'angle GOH (*fig.* 1) par $(\widehat{x,y})$, l'angle GOI par $(\widehat{x,t})$, l'angle HOI par $(\widehat{y,t})$, et prenons pour unité de longueur le diamètre du cercle circonscrit au triangle GOI'; OG, GI' = OH, OI' = OI étant les trois paramètres a, b, c, nous aurons

$$\left\{\begin{aligned} &a = \sin(\widehat{y,t}), \quad b = \sin(\widehat{x,t}), \quad c = \sin(\widehat{x,y});\\ &E^3 = ab\sin(\widehat{x,y})\; d = abcd. \end{aligned}\right. \tag{44}$$

Soit U l'angle dièdre compris entre la face (0111) parallèle à l'axe des x, et le plan des xy ou (0001); soit V l'angle dièdre compris de même entre $(10\bar{1}1)$ parallèle à l'axe des y et (0001); soit enfin W l'angle dièdre compris entre $(1\bar{1}01)$ parallèle à l'axe auxiliaire et (0001); on trouvera facilement

$$\left\{\begin{aligned} \operatorname{tang} U &= -\Phi a,\\ \operatorname{tang} V &= -\Phi b,\\ \operatorname{tang} W &= -\Phi c. \end{aligned}\right. \tag{45}$$

On en déduira la valeur de l'auxiliaire Φ par l'une des trois équations

$$\Phi = -\frac{\operatorname{tang} U}{\sin(\widehat{y,t})} = -\frac{\operatorname{tang} V}{\sin(\widehat{x,t})} = -\frac{\operatorname{tang} W}{\sin(\widehat{x,y})}. \tag{46}$$

Les angles $(\widehat{y,t})$, $(\widehat{x,t})$, $(\widehat{x,y})$ doivent avoir été mesurés au goniomètre, ainsi que l'un au moins des trois angles U, V, W. On connaîtra donc Φ, et par suite

$$(47)\qquad \Phi^2 d^2 = \frac{\text{tang}^2\,\text{U}\,\text{tang}^2\,\text{V}\,\text{tang}^2\,\text{W}}{\Phi^2} = \text{tang}^2\,\text{U}\,\text{tang}^2\,\text{V}\sin^2(\widehat{x,y});$$

donc enfin

$$(48)\qquad \text{tang}\,(\widehat{\text{F},\text{F}'}) = \frac{-\sqrt{(gh')^2\,\text{tg}^2\text{U}\,\text{tg}^2\text{V}\sin^2(\widehat{x,y}) - (kh')(ki')\,\text{tg}^2\text{U} - (kg')(ki')\,\text{tg}^2\text{V} - (kg')(kh')\,\text{tg}^2\text{W}}}{kk' - \dfrac{hi'+ih'}{2}\,\text{tg}^2\,\text{U} - \dfrac{gi'+ig'}{2}\,\text{tg}^2\,\text{V} - \dfrac{gh'+hg'}{2}\,\text{tg}^2\,\text{W}},$$

formule qui donne l'angle des faces en fonction des angles immédiatement observés : c'est celle qui me paraît la plus commode dans la pratique. On peut y remplacer $\text{tang}^2\,\text{U}\,\text{tang}^2\,\text{V}\sin^2(\widehat{x,y})$ par $\text{tang}^2\,\text{U}\,\text{tang}^2\,\text{W}\sin^2(\widehat{x,t})$ ou par $\text{tang}^2\,\text{V}\,\text{tang}^2\,\text{W}\sin^2(\widehat{y,t})$.

Les paramètres linéaires a, b, c sont donnés par les formules (44), et d par l'équation suivante :

$$(49)\qquad d = \text{tg}\,\text{U}\sin(\widehat{x,t})\sin(\widehat{x,y}) = \text{tg}\,\text{V}\sin(\widehat{y,t})\sin(\widehat{x,y}) = \text{tg}\,\text{W}\sin(\widehat{y,t})\sin(\widehat{x,t}) = \Phi abc.$$

Je prendrai comme exemple le nitrate neutre de mercure dont les angles ont été mesurés par M. Marignac, et que je reproduis ici, *fig.* 5. Les six faces désignées par les lettres τ, t, T, L, M, l dans le Mémoire de M. Marignac (*) peuvent être représentées par les symboles suivants à quatre caractéristiques :

$\tau = (01\bar{1}0)$, face parallèle à l'axe des x et à l'axe des z;

$t = (10\bar{1}0)$, face parallèle à l'axe des y et à l'axe des z;

$\text{T} = (1\bar{1}00)$, face parallèle à l'axe des t et à l'axe des z;

$\text{L} = (0001)$, face normale à l'axe des z;

$\text{M} = (1\bar{1}01)$;

$l = (11\bar{2}1)$.

(*) *Annales de Chimie et Physique*, 3e série, tome XXVII, page 323. On a retourné le cristal de la *fig.* 3 du Mémoire de M. Marignac, afin de rendre son axe de symétrie vertical.

L'observation goniométrique a donné

$$\widehat{(x,y)} = [\widehat{(01\bar{1}0),(\bar{1}010)}] = \tau \text{ sur } t = 108^\circ 40',$$

$$\widehat{(x,t)} = [\widehat{(01\bar{1}0),(1\bar{1}00)}] = \tau \text{ sur } T = 116^\circ 35',$$

$$\widehat{(y,t)} = [\widehat{(\bar{1}010),(1\bar{1}00)}] = t \text{ sur } T = 134^\circ 45',$$

$$W = [\widehat{(1\bar{1}01),(0001)}] = \text{M sur L} = 138^\circ 10'.$$

Des formules (44) et (49) on déduit, pour les principaux éléments du prisme élémentaire de l'Assemblage, les valeurs suivantes :

$$a = 0{,}7102, \qquad d = 0{,}5685,$$
$$b = 0{,}8943, \qquad E = 0{,}6994;$$
$$c = 0{,}9474,$$

on a ensuite, pour les constantes de l'équation (48),

$$\text{tang}^2 U = 0{,}4503, \quad U \text{ (calculé)} = 146^\circ 8',$$
$$\text{tang}^2 V = 0{,}7140, \quad V \text{ (calculé)} = 139^\circ 48',$$
$$\text{tang}^2 W = 0{,}8010,$$
$$\text{tang}^2 U \, \text{tang}^2 V \sin^2 \widehat{(x,y)} = 0{,}2886.$$

Avec ces éléments, on demande l'inclinaison de L sur l.

La formule générale devient, puisque $(g'h'i'k') = (0001)$,

$$\text{tang}\,\widehat{(L,l)} = \frac{-\sqrt{-hi \,\text{tang}^2 U - gi \,\text{tang}^2 V - gh \,\text{tang}^2 W}}{k} = -\sqrt{2\,\text{tang}^2 U + 2\,\text{tang}^2 V - \text{tang}^2 W},$$

$$\widehat{(L,l)} = 128^\circ 59',6.$$

On trouverait de même

$$\widehat{(L,\mu)} = 126^\circ 31',4,$$

μ étant la face de symbole $(0\bar{2}21)$, laquelle se développe quelquefois sur l'arête qui sépare L de τ.

L'une quelconque des formules (41), (43) ou (48) résout complétement le problème IX; si l'on emploie la formule (43), on devra se rappeler que l'on a

$$\Phi = \frac{d^2}{E^2}.$$

La formule générale (37) se simplifie beaucoup, lorsque les axes sont rectangulaires, ce qui a lieu dans le système terbinaire; il en est de même de la formule (41), lorsque les angles que forment les trois demi-axes positifs des x, des y et des t deviennent égaux à 120 degrés, ce qui arrive dans le cas du système sénaire. Nous allons successivement examiner ces deux cas.

Problème X. — *Trouver l'angle de deux faces (ghk), $(g'h'k')$, dans le système terbinaire et dans le système quaternaire.*

On a alors

$$\alpha = \beta = \delta = 90^\circ, \quad \mu = \nu = \varpi = 90^\circ,$$

$$(50) \quad \operatorname{tang}(\widehat{F, F'}) = \frac{-E\sqrt{(hk')^2a^2 + (kg')^2b^2 + (gh')^2d^2}}{gg'[a]^2 + hh'[b]^2 + kk'[d]^2} = \frac{-E^3\sqrt{(hk')^2a^2 + (kg')^2b^2 + (gh')^2d^2}}{gg'b^2d^2 + hh'a^2d^2 + kk'a^2b^2}.$$

Si l'on divise haut et bas par $a^2 b^2 d^2$, cette équation devient

$$\operatorname{tang}(\widehat{F, F'}) = -\sqrt{\frac{(gh')^2}{a^2b^2} + \frac{(kg')^2}{a^2d^2} + \frac{(hk')^2}{b^2d^2}} : \frac{gg'}{a^2} + \frac{hh'}{b^2} + \frac{kk'}{d^2},$$

forme sous laquelle elle a déjà été donnée par M. Neumann (*).

On peut la simplifier en posant, comme dans le problème précédent,

$$(51) \quad \begin{cases} U = [(\widehat{011), (001})], \\ V = [(\widehat{101), (001})]; \end{cases}$$

on trouve alors facilement

$$(52) \quad \begin{cases} \operatorname{tang} U = -\dfrac{d}{b} = -\dfrac{d^2}{E^3}a, \\ \operatorname{tang} V = -\dfrac{d}{a} = -\dfrac{d^2}{E^3}b. \end{cases}$$

Si l'on divise, haut et bas, le troisième membre de la formule (50) par $a^2 b^2$, en tenant compte des équations (52), on aura

$$(53) \quad \operatorname{tang}(\widehat{F, F'}) = \frac{-\sqrt{(hk')^2\operatorname{tang}^2 U + (kg')^2\operatorname{tang}^2 V + (gh')^2\operatorname{tang}^2 U \operatorname{tang}^2 V}}{gg'\operatorname{tang}^2 U + hh'\operatorname{tang}^2 V + kk'},$$

formule qui n'exige que le calcul de trois coefficients, au lieu de six.

(*) *Beitræge zur Krystallonomie*, Berlin, 1823.

Dans le système quaternaire, on a $U = V$, et si l'on divise haut et bas par $\tang^2 U$, la formule précédente devient

$$(54) \qquad \operatorname{tang}(\widehat{F, F'}) = \frac{-\sqrt{(gh')^2 + \{(hk')^2 + (kg')^2\} \cot^2 U}}{gg' + hh' + kk' \cot^2 U}.$$

Problème XI. — *Trouver l'angle de deux faces $(ghik)$, $(g'h'i'k')$, dans les systèmes sénaire et ternaire.*

On a, dans ce cas,

$$(\widehat{x, y}) = (\widehat{x, t}) = (\widehat{y, t}) = 120^\circ,$$
$$a = b = c.$$

Si l'on élève au carré la formule

$$(kg') + (kh') + (ki') = 0,$$

on trouve

$$-(kh')(ki') - (kg')(ki') - (kg)(kh') = \tfrac{1}{2}\{(kg')^2 + (kh')^2 + (ki')^2\};$$

d'autre part on a

$$-(hi' + ih') - (gi' + ig') - (gh' + hg') = gg' + hh' + ii';$$

si l'on substitue ces valeurs dans la formule (43), elle devient

$$(55) \quad \operatorname{tang}(\widehat{F, F'}) = \frac{-\sqrt{(gh')^2 \Phi^2 d^2 + \frac{1}{2}\{(kg')^2 + (kh')^2 + (ki')^2\} \Phi^2 a^2}}{kk' + \frac{1}{2}(gg' + hh' + ii') \Phi^2 a^2};$$

mais l'on a d'ailleurs

$$\Phi^2 a^2 = \operatorname{tang}^2 U,$$
$$\Phi^2 d^2 = \operatorname{tang}^4 U \sin^2 (\widehat{x, y}) = \tfrac{3}{4} \operatorname{tang}^4 U;$$

et, si l'on multiplie haut et bas, dans (55), par $2 \cot^2 U$, il viendra

$$(56) \qquad \operatorname{tang}(\widehat{F, F'}) = \frac{-\sqrt{3 (gh')^2 + \{(kg')^2 + (kh')^2 + (ki')^2\} 2 \cot^2 U}}{gg' + hh' + ii' + kk'.2 \cot^2 U},$$

formule dans laquelle on peut remplacer $2 \cot^2 U$ par $\dfrac{3a^2}{2d^2}$.

Cette équation donnera, au moyen de la constante unique $2 \cot^2 U$, calculée une fois pour toutes, les valeurs des angles dièdres des faces, dans les Assemblages sénaire et ternaire.

J'ai traité avec détail la question de l'angle des faces dans les différents systèmes cristallins, à cause de son importance pratique. On peut traiter de même celle de l'angle que forment entre elles les arêtes ; c'est le but des problèmes suivants.

Problème XII. — *Trouver l'angle de deux Rangées* mnp, m′n′p′, *dans le système binaire.*

Soient toujours a, b, d les paramètres et δ l'angle compris entre a et b. On aura à considérer, dans le polaire, les paramètres $[a]$, $[b]$, $[d]$ et l'angle $[\delta] = 180^\circ - \delta$ qui est compris entre $[a]$ et $[b]$.

Dans cet Assemblage, les plans normaux à mnp, $m'n'p'$ ont pour symboles $[(mnp)]$, $[(m'n'p')]$, et, si l'on ajoute les caractéristiques auxiliaires o, o', telles que l'on ait

$$m + n + o = 0,$$
$$m' + n' + o' = 0,$$

on aura à déterminer l'angle des faces $[(mnop)]$, $[(m'n'o'p')]$ et à en prendre le supplément.

On remplacera donc, dans la formule (41), les lettres g, h, i, k par m, n, o, p ; a, b, c, d, $[d]$, par $[a]$, $[b]$, $[c]$, $[d]$, d ; $(\widehat{\mathrm{F}, \mathrm{F}'})$ par $180^\circ - (\widehat{\mathrm{P}, \mathrm{P}'})$: le paramètre auxiliaire $[c]$ sera donné par la formule

$$(57) \qquad 2[a][b]\cos(180^\circ - \delta) = [c]^2 - [a]^2 - [b]^2.$$

Il vient alors

$$(58) \quad \operatorname{tang}(\widehat{\mathrm{P}, \mathrm{P}'}) = \frac{\mathrm{E}^3\sqrt{(mn')^2[d]^2 - (pn')(po')[a]^2 - (pm')(po')[b]^2 - (pm')(pn')[c]^2}}{pp'd^2\mathrm{E}^2 - \left(\frac{no'+on'}{2}\right)[a]^2[d]^2 - \left(\frac{mo'+om'}{2}\right)[b]^2[d]^2 - \left(\frac{mn'+nm'}{2}\right)[c]^2[d]^2},$$

formule que l'on pourrait facilement modifier de manière à lui donner la forme des équations (43) ou (48). Les valeurs de $[a]$, $[b]$, $[d]$ sont données par les équations

$$[a] = \frac{bd}{\mathrm{E}}, \quad [b] = \frac{ad}{\mathrm{E}}, \quad [d] = \frac{\mathrm{E}^2}{d},$$

et $[c]$ par l'équation (57).

PROBLÈME XIII. — *Trouver l'angle de deux Rangées* mnp, m'n'p', *dans le système terbinaire.*

Soit $(\widehat{P, P'})$ l'angle des deux Rangées; cet angle sera le supplément de l'angle que forment entre eux les plans $[(mnp)]$, $[(m'n'p')]$ du polaire. Si donc on remplace dans la formule (50) les lettres g, h, k par m, n, p, et si l'on échange a et $[a]$, b et $[b]$, d et $[d]$, on aura

$$(59)\quad \operatorname{tang}(\widehat{P, P'}) = \frac{E\sqrt{(np')^2[a]^2+(pm')^2[b]^2+(mn')^2[d]^2}}{mm'a^2+nn'b^2+pp'd^2} = \frac{\sqrt{(np')^2b^2d^2+(pm')^2a^2d^2+(mn')^2a^2b^2}}{mm'a^2+nn'b^2+pp'd^2},$$

formule dont les constantes se réduisent à trois, si l'on divise haut et bas par d^2.

PROBLÈME XIV. — *Trouver l'angle de deux Rangées* mnp, m'n'p', *dans le système sénaire.*

Pour pouvoir adapter les formules (55) et (56) à la solution de ce problème, il convient de supposer que les demi-axes des x et des y positifs font entre eux un angle de 60 degrés et non de 120 degrés. Si l'on avait dénoté les Rangées dans le système d'axes correspondant à l'angle de 120 degrés, il suffirait, pour revenir au système des axes se coupant sous l'angle de 60 degrés, de remplacer mnp par $m-n, n, p$, ou par $m, n-m, p$.

Ce remplacement ayant été fait, il est clair que $[mnp]$, $[m'n'p']$ seront des plans réticulaires de l'Assemblage polaire, et que ce dernier aura quatre axes, dont les trois inférieurs, horizontaux, se sépareront les uns des autres sous des inclinaisons de 120 degrés.

Ainsi, en introduisant les auxiliaires o, o' telles que l'on ait

$$(60)\quad \begin{cases} m+n+o=0, \\ m'+n'+o'=0, \end{cases}$$

et remplaçant $2\cot^2 U$ par $2\cot^2[U]$, g, h, i, k par m, n, o, p, on aura

$$(61)\qquad \operatorname{tang}(\widehat{P, P'}) = \frac{\sqrt{3(mn')^2+\{(pm')^2+(pn')^2+(po')^2\}\,2\cot^2[U]}}{mm'+nn'+oo'+pp'.\,2\cot^2[U]};$$

$[U]$ représente la valeur de l'angle auxiliaire U dans l'Assemblage polaire; on aura, pour le déterminer, la relation

$$2\cot^2[U] = \frac{3[a]^2}{2[d]^2},$$

et, en vertu de l'équation (94) de mon Mémoire sur les Systèmes de points,

$$(62)\qquad 2\cot^2[\mathrm{U}] = 2\frac{d^2}{a^2}.$$

Comme exemple, proposons-nous de déterminer l'angle de mnp avec 001, c'est-à-dire avec l'axe des z. On a alors $m' = n' = o' = 0$, $p' = 1$; d'où

$$\operatorname{tang}(\widehat{\mathrm{P}, \text{axe des } z}) = \frac{\sqrt{(m^2+n^2+o^2)2\frac{d^2}{a^2}}}{p.2\frac{d^2}{a^2}} = \frac{a\sqrt{\frac{m^2+n^2+o^2}{2}}}{pd} = \frac{a\sqrt{m^2+n^2+mn}}{pd},$$

formule facile à vérifier directement.

Les formules (60), (61) et (62) donnent la solution complète de la question.

Problème XV. — *Trouver le plan réticulaire normal à la Rangée* mnp.

Soit $m'n'p'$ une Rangée quelconque normale à la Rangée mnp; la formule (36) montre que les caractéristiques m', n', p' devront satisfaire à l'équation de condition

$$mm'a^2 + nn'b^2 + pp'd^2 + (mn' + nm')ab\cos\delta + (mp' + pm')ad\cos\beta + (np' + pn')bd\cos\alpha = 0.$$

Si l'on pose, pour abréger,

$$(63)\qquad \begin{cases} ma^2 + nab\cos\delta + pad\cos\beta = g, \\ mab\cos\delta + nb^2 + pbd\cos\alpha = h, \\ mad\cos\beta + nbd\cos\alpha + pd^2 = k, \end{cases}$$

cette équation devient

$$gm' + hn' + kp' = 0;$$

ainsi la Rangée $m'n'p'$ est contenue dans le plan (ghk); on peut donc considérer g, h, k comme étant les caractéristiques du plan normal, pourvu que l'on choisisse une unité de longueur qui rende numériques a, b et d; car il faut que g, h, k puissent être considérés comme des nombres.

Les quantités g, h, k ne seront pas en général des nombres simples; mais on peut néanmoins les considérer comme étant entiers, parce qu'il est toujours permis de multiplier g, h, k par un même facteur égal à l'unité suivie d'un nombre assez grand de zéros pour pouvoir négliger la partie décimale de leur développement.

PROBLÈME XVI. — *Trouver la Rangée normale au plan* (ghk).

En égalant à zéro le dénominateur du second membre de l'équation (37), on aura la condition pour qu'un plan tel que $(g'h'k')$ soit normal au plan donné; puis posant

$$(64)\quad \left\{\begin{aligned} g[a]^2 - h[a][b]\cos\varpi - k[a][d]\cos\nu &= m,\\ -g[a][b]\cos\varpi + h[b]^2 - k[b][d]\cos\mu &= n,\\ -g[a][d]\cos\nu - h[b][d]\cos\mu + k[d]^2 &= p,\end{aligned}\right.$$

on verra facilement que la Rangée normale cherchée a pour symbole mnp; on remarquera en outre que $[a]$, $[b]$, $[d]$ doivent être considérés comme étant des quantités numériques.

Les nombres m, n, p peuvent être fractionnaires, ou même incommensurables; mais il ne saurait y avoir aucun inconvénient à leur conserver la valeur que leur assignent les formules (64).

PROBLÈME XVII. — *Trouver l'angle que fait la Rangée* mnp *avec le plan réticulaire* (ghk).

Imaginons que, sur le parallélogramme générateur du Réseau du plan donné, on construise un parallélipipède dont la base aura pour aire $S(ghk)$ et dont les arêtes latérales coïncideront en grandeur et en direction avec des paramètres du système de Rangées mnp.

Le nombre de strates parallèles à (ghk) et interceptées dans ce parallélipipède sera égal (Mémoire sur les Systèmes de points, problème XX) à

$$\pm(mg + nh + pk),$$

le signe étant choisi de manière que cette expression soit positive. Donc le volume de ce parallélipipède sera égal à

$$\pm(mg + nh + pk)\,E^3.$$

Mais, d'autre part, en nommant $(\widehat{P,F})$ l'angle compris entre la Rangée mnp et la face (ghk), l'expression de ce volume est aussi

$$P_{mnp}\,S(ghk)\sin(\widehat{P,F}):$$

on déduit de là

$$(65)\qquad \sin(\widehat{P,F}) = \frac{\pm(mg+nh+pk)\,E^3}{P\,mnp\,S(ghk)} = \frac{\pm(mg+nh+pk)\,E^2}{P\,mnp\,P[ghk]},$$

où il ne reste plus qu'à mettre à la place de $P\,mnp$, $S(ghk)$, leurs valeurs tirées des équations (34) et (35).

Deuxième solution. — Posez

$$\frac{1}{E^2}\left(g[a]^2 - h[a][b]\cos\varpi - k[a][d]\cos\nu\right) = m',$$

$$\frac{1}{E^2}\left(-g[a][b]\cos\varpi + h[b]^2 - k[b][d]\cos\mu\right) = n',$$

$$\frac{1}{E^2}\left(-g[a][d]\cos\nu - h[b][d]\cos\mu + k[d]^2\right) = p';$$

$m'n'p'$ sera le symbole de la Rangée normale au plan (ghk). Substituez ces valeurs de m', n', p', dans la formule (36); vous aurez, après réduction des termes du dénominateur,

$$(66)\qquad \operatorname{cotang}(\widehat{P,F}) = \frac{\sqrt{(np')^2[a]^2+(pm')[b]^2+(mn')^2[d]^2-2(np')(pm')[a][b]\cos\varpi-2(np')(mn')[a][d]\cos\nu-2(pm')(mn')[b][d]\cos\mu}}{(mg+nh+pk)\,E}.$$

On aurait pu de même écrire

$$\frac{1}{E^2}\left(ma^2 + nab\cos\delta + pad\cos\beta\right) = g',$$

$$\frac{1}{E^2}\left(mab\cos\delta + nb^2 + pbd\cos\alpha\right) = h',$$

$$\frac{1}{E^2}\left(mad\cos\beta + nbd\cos\alpha + pd^2\right) = k';$$

$(g'h'k')$ eût été le symbole du plan réticulaire normal à la Rangée mnp : alors, substituant ces valeurs de g', h', k', dans la formule (37), l'on aurait eu, après réduction du dénominateur,

$$(67)\qquad \operatorname{cotang}(\widehat{P,F}) = \frac{\sqrt{(hk')^2a^2+(kg')^2b^2+(gh')^2d^2+2(hk')(kg')ab\cos\delta+2(hk')(gh')ad\cos\beta+2(kg')(gh')bd\cos\alpha}}{(mg+nh+pk)\,E}.$$

Ces dernières équations peuvent être utiles dans le cas où $(\widehat{P,F})$ différerait peu de 90 degrés ; car alors non-seulement l'angle serait mal déterminé par son sinus (formule 65), mais même il pourrait y avoir incertitude entre les deux valeurs supplémentaires données par cette formule. La considération des valeurs de g', h', k', qui alors diffèrent peu de celles de g, h, k, est très-propre à lever l'ambiguïté qui en résulte.

Concevons, comme exemple, que, dans le système sénaire où l'on a

$$a = b, \quad \alpha = \beta = 90^\circ, \quad \delta = 120^\circ,$$

on demande l'angle que l'arête allant du Sommet $(\bar{1}, \bar{1}, 0)$ au Sommet $(0, 0, 1)$ fait avec le plan passant par les Sommets $(0, 0, 1)$, $(0, 1, 0)$, $(1, 0, 0)$, cet angle devant être mesuré dans l'intérieur du tétraèdre formé par ces quatre points. On aura alors

$$a = b, \quad \alpha = \beta = 90^\circ, \quad \delta = 120^\circ, \quad mnp = 111, \quad (ghk) = (111);$$

d'où

$$g' = \frac{a^2}{2E^2}, \quad h' = \frac{a^2}{2E^2}, \quad k' = \frac{d^2}{E^2};$$

le symbole des plans normaux à la Rangée 111 pourra donc s'écrire

$$\left(\frac{a^2}{2d^2}\,\frac{a^2}{2d^2}\,1\right);$$

celui de ces plans qui passe par le Sommet $(0, 0, 1)$ coupera les axes des x et des y à une distance de l'origine égale à a divisé par $\frac{a^2}{2d^2}$, et ainsi l'angle cherché sera aigu, si $\frac{a^2}{2d^2} < 1$; il sera obtus, si $\frac{a^2}{2d^2} > 1$.

On a ensuite

$$P^2\, 111 = a^2 + d^2,$$
$$P^2\,[111] = 3\,[a]^2 + [d]^2;$$

donc, en ayant égard aux équations (93) du Mémoire sur les Systèmes de points,

$$\sin\left[111, \widehat{(111)}\right] = \frac{3E^2}{\sqrt{a^2+d^2}\,\sqrt{3[a]^2+[d]^2}} = \frac{3}{\sqrt{(a^2+d^2)\left(\frac{4}{a^2}+\frac{1}{d^2}\right)}},$$

$$\operatorname{tang}\left[111, \widehat{(111)}\right] = \frac{3ad}{2d^2 - a^2},$$

formules qu'il serait d'ailleurs facile d'obtenir directement.

§ IX. — *Méthodes pour calculer la densité réticulaire des faces d'un cristal.*

Je nomme *densité réticulaire* (*) d'une face (ghk) le nombre moyen des Sommets contenus dans l'unité de surface : cet élément physique exerce une grande influence sur le mode de limitation du cristal, ainsi que dans les phénomènes du clivage. Il importe donc de le déterminer en fonction des paramètres linéaires ou angulaires de l'Assemblage et des caractéristiques g, h, k ; tel est le but du paragraphe actuel.

Si l'on continue à désigner par $S(ghk)$ la surface de l'aire du parallélogramme générateur du plan (ghk), la densité ρ du Réseau de ce plan aura pour valeur (Mémoire sur les Systèmes de points, page 21),

$$\rho = \frac{1}{S(ghk)}. \tag{68}$$

Le problème, ramené à la mesure de $S(ghk)$, se trouve résolu par la formule générale que je reproduis ici (Mémoire cité, pages 49 et 111),

$$(69)\quad \begin{cases} S^2(ghk) = g^2 S^2(100) + h^2 S^2(010) + k^2 S^2(001) - 2gh S(100) S(010) \cos\varpi \\ \qquad - 2gk S(100) S(001) \cos\nu - 2hk S(010) S(001) \cos\mu. \end{cases}$$

Il nous reste à examiner comment cette formule se modifie dans les différentes classes d'Assemblages, et suivant les divers modes (hexaédral, octaédral, etc.) de ces classes.

Système asymétrique. — La formule n'offre aucune simplification.

Système binaire, mode hexaédral. — On a

$$\mu = 90^\circ, \quad \nu = 90^\circ, \quad \varpi = \delta,$$

$$S^2(ghk) = g^2 S^2(100) + h^2 S^2(010) + k^2 S(001) - 2gh S(100) S(010) \cos\delta.$$

Dans le système des notations à quatre caractéristiques g, h, i, k, cette formule prend une autre forme. Soit en effet c le paramètre du nouvel axe : on aura d'abord

$$S^2(ghik) = g^2 S^2(10\bar{1}0) + h^2 S^2(01\bar{1}0) + k^2 S^2(0001) - 2gh\, S(10\bar{1}0) S(01\bar{1}0) \cos\delta;$$

(*) Cet élément a déjà été défini, *Mémoire sur les Systèmes de points*, page 20.

ensuite

$$S(01\bar{1}0) = ad, \quad S(10\bar{1}0) = bd, \quad S(1\bar{1}00) = cd,$$

$$2S(10\bar{1}0)S(01\bar{1}0)\cos\delta = 2abd^2\cos\delta = d^2(c^2 - a^2 - b^2) = S^2(1\bar{1}00) - S^2(10\bar{1}0) - S^2(01\bar{1}0).$$

Substituant, et tenant compte de $g + h + i = 0$, on trouve

$$(70)\quad S^2(ghik) = -ghS^2(1\bar{1}00) - giS^2(10\bar{1}0) - hiS^2(01\bar{1}0) + k^2S^2(0001).$$

On peut introduire dans cette formule les constantes angulaires U, V, W de la page 45. En effet, on déduit facilement des équations (42) et (45),

$$\operatorname{tang} U = -\frac{S(01\bar{1}0)}{S(0001)}, \quad \operatorname{tang} V = -\frac{S(10\bar{1}0)}{S(0001)}, \quad \operatorname{tang} W = -\frac{S(1\bar{1}01)}{S(0001)};$$

donc

$$(71)\quad S^2(ghik) = (-hi\operatorname{tang}^2 U - gi\operatorname{tang}^2 V - gh\operatorname{tang}^2 W + k^2)S^2(0001).$$

Remarquons, en passant, que la formule (48) donne

$$\operatorname{tang}\{\widehat{(ghik), (0001)}\} = \frac{-\sqrt{-hi\operatorname{tang}^2 U - gi\operatorname{tang}^2 V - gh\operatorname{tang}^2 W}}{k}:$$

on a donc

$$(72)\qquad S^2(ghik) = k^2\operatorname{séc}^2\{\widehat{(ghik),(0001)}\}S^2(0001),$$

formule très-simple qui donne l'une des deux quantités

$$S(ghik), \quad \{\widehat{(ghik), (0001)}\},$$

lorsque l'autre est connue. Cette relation a également lieu pour tous les systèmes suivants, qui ne sont que des cas particuliers du système binaire.

Système terbinaire, mode hexaédral rectangle. — On a évidemment, dans ce cas,

$$\mu = 90^\circ, \quad \nu = 90^\circ, \quad \varpi = 90^\circ,$$

$$(73)\qquad S^2(ghk) = g^2S^2(100) + h^2S^2(010) + k^2S^2(001).$$

On peut introduire dans cette formule les constantes angulaires U et V de la page 48. En effet, on a (formules 52),

$$\operatorname{tang} U = -\frac{S(010)}{S(001)}, \quad \operatorname{tang} V = -\frac{S(100)}{S(001)};$$

donc

$$(74) \qquad S^2(ghk) = (g^2 \operatorname{tang}^2 V + h^2 \operatorname{tang}^2 U + k^2)\, S^2(001).$$

Système quaternaire, mode hexaédral. — La formule (73) devient

$$(75) \qquad S^2(ghk) = (g^2 + h^2)\, S^2(100) + k^2 S^2(001).$$

Pour introduire la constante angulaire U, on posera

$$\operatorname{tang} U = -\frac{S(010)}{S(001)} = -\frac{S(100)}{S(001)};$$

donc

$$(76) \qquad S^2(ghk) = (g^2 + h^2 + k^2 \cot^2 U)\, S^2(100).$$

Système sénaire. — On posera, dans la formule (70),

$$S(1\bar{1}00) = S(10\bar{1}0) = S(01\bar{1}0);$$

on aura

$$(77) \qquad \begin{cases} S^2(ghik) = -(gh + gi + hi)\, S^2(01\bar{1}0) + k^2 S^2(0001) \\ \qquad = \left(\dfrac{g^2 + h^2 + i^2}{2}\right) S^2(01\bar{1}0) + k^2 S^2(0001). \end{cases}$$

Pour introduire la constante U, on écrira

$$\operatorname{tang} U = -\frac{S(01\bar{1}0)}{S(0001)},$$

et alors

$$(78) \qquad S^2(ghik) = \left(\frac{g^2 + h^2 + i^2}{2} + k^2 \cot^2 U\right) S^2(01\bar{1}0).$$

Système terquaternaire, mode hexaédral. — La formule (75) devient

$$(79) \qquad S^2(ghk) = (g^2 + h^2 + k^2)\, S^2(001).$$

Dans les cas non examinés du système ternaire et des divers modes octaédraux, dodécaédral, ou hexaédral rhombique, qui dérivent des précédents par des centrages convenablement faits (*), les valeurs de S (ghk), S $(ghik)$ se déduiront des formules précédentes, au moyen des théorèmes que nous allons actuellement démontrer.

THÉORÈME XIII. — *Si l'on centre tous les parallélipipèdes générateurs d'un Assemblage, la face* (ghk) *conservera l'aire de son parallélogramme générateur si la somme algébrique* g + h + k *est impaire; mais cette aire deviendra moitié moindre, si cette somme est paire.*

Les coordonnées numériques des Sommets introduits par le centrage sont des nombres fractionnaires de la forme,

$$x = m + \tfrac{1}{2},\quad y = n + \tfrac{1}{2},\quad z = p + \tfrac{1}{2},$$

m, n, p étant des nombres entiers.

La condition pour que le plan réticulaire (ghk), mené par l'origine des coordonnées, contienne un quelconque des nouveaux Sommets sera donc

$$(80)\qquad gm + hn + kp + \frac{g+h+k}{2} = 0.$$

Dans le cas où $g + h + k$ est impair, le plan (ghk) ne pourra contenir aucun de ces Sommets. Si donc on nomme $S_c(ghk)$ la valeur qu'obtient S (ghk) après le centrage, on aura

$$(81)\qquad S_c(g, h, k = 2j + 1 - g - h) = S(ghk).$$

Dans le cas où $g + h + k$ est pair, l'équation (80) pourra toujours être satisfaite par des valeurs entières de m, n, p, puisqu'elle représentera l'un des plans réticulaires du système (ghk), que ce plan passe ou non par l'origine. Par un quelconque des nouveaux Sommets satisfaisant à l'équation (80), menons un plan parallèle au plan des xz; le plan (ghk) coupera ce plan $y = n + \frac{1}{2}$ suivant une Rangée des nouveaux Sommets, à égale distance entre deux Rangées parallèles d'anciens Sommets situées à la rencontre de

(*) On trouvera, aux pages 95 et suivantes du Mémoire sur les Systèmes de points, les détails qui se rapportent à la manière dont on peut, par le centrage, faire dériver les différents modes cristallins les uns des autres.

ce même plan (ghk) avec les plans $y = 0$, $y = 2n + 1$. Ainsi le nombre des Rangées parallèles à l'intersection de (ghk) avec le plan des xz sera doublé par le centrage; la densité du Réseau deviendra donc deux fois plus considérable, et l'on aura

$$(82) \qquad S_c(g, h, k = 2j - g - h) = \tfrac{1}{2} S(ghk).$$

Dans les formules (81) et (82), g, h, k sont trois nombres dépourvus de tout facteur commun, et j est un nombre entier quelconque.

Théorème XIV. — *Si l'on centre, dans les plans* $z = 0$, $z = 1$, *etc., les bases des parallélipipèdes générateurs d'un Assemblage, la face* (ghk) *conservera l'aire de son parallélogramme générateur, si la somme algébrique* $g + h$ *est impaire; mais cette aire deviendra moitié moindre, si* $g + h$ *est un nombre pair.*

Les coordonnées numériques des Sommets introduits par le centrage sont ici,

$$x = m + \tfrac{1}{2}, \quad y = n + \tfrac{1}{2}, \quad z = p,$$

m, n, p étant des entiers.

Alors, si l'on raisonne comme dans le cas précédent, en recourant à la considération du plan auxiliaire $y = n + \frac{1}{2}$, et si l'on désigne par $S_{xy}(ghk)$ ce que devient $S(ghk)$ après le centrage, on trouvera

$$(83) \qquad S_{xy}(g, h = 2j + 1 - g, k) = S(ghk),$$

$$(84) \qquad S_{xy}(g, h = 2j - g, k) = \tfrac{1}{2} S(ghk).$$

Scolie. — Dans ce dernier cas, le paramètre de la Rangée, trace de (ghk) sur le plan des xy, devient deux fois moindre par l'effet du centrage.

Corollaire. — Si l'on avait centré les parallélogrammes générateurs des faces parallèles au plan des xz, l'on aurait eu de même

$$(85) \qquad S_{xz}(g, h, k = 2j + 1 - g) = S(ghk),$$

$$(86) \qquad S_{xz}(g, h, k = 2j - g) = \tfrac{1}{2} S(ghk).$$

Si le centrage avait porté sur les faces parallèles au plan des yz, l'on aurait eu

$$(87) \qquad S_{yz}(g, h, k = 2j + 1 - h) = S(ghk),$$

$$(88) \qquad S_{yz}(g, h, k = 2j - h) = \tfrac{1}{2} S(ghk).$$

Théorème XV. — *Si l'on centre les six faces des parallélipipèdes générateurs d'un Assemblage, l'aire du parallélogramme générateur de la face* (ghk) *deviendra moitié moindre, si le produit* ghk *est pair, et quatre fois moindre, si le produit* ghk *est impair.*

La condition pour que le plan (ghk) mené par l'origine des coordonnées renferme des Sommets provenant du centrage des faces parallèles au plan des xy est évidemment, comme dans le précédent théorème,

$$g + h = 2j. \tag{89}$$

La condition pour que le même plan renferme des Sommets provenant du centrage des faces parallèles aux xz est

$$g + k = 2j'. \tag{90}$$

La condition pour que ce plan renferme des Sommets provenant du centrage des faces parallèles aux yz est

$$h + k = 2j''. \tag{91}$$

Or, on ne peut avoir en même temps

$$\left\{\begin{aligned} g + h &= 2j + 1, \\ g + k &= 2j' + 1, \\ h + k &= 2j'' + 1; \end{aligned}\right. \tag{92}$$

donc l'une au moins des équations (89), (90) et (91) sera toujours satisfaite, et il est permis de supposer, dans ce qui va suivre, que c'est l'équation (89) qui se vérifie. Il peut alors se présenter deux cas.

Premier cas, caractérisé par $g + k = 2j' + 1$. — L'une des deux caractéristiques g, k sera paire, et l'on aura, en ajoutant l'équation (89) à la deuxième des équations (92),

$$2g + h + k = 2j + 2j' + 1;$$

alors les équations (90) et (91) manquent à la fois, et l'on retombe sur le cas du théorème XIV et sur l'équation (84); S(ghk) devient moitié moindre après le centrage.

Deuxième cas, caractérisé par $g + k = 2j'$. — Les équations (89), (90) et (91) sont satisfaites toutes les trois. Ainsi, si l'une des caractéristiques est paire, les deux autres sont pareillement paires, et si l'une est impaire, les deux autres le sont aussi. Mais les trois caractéristiques ne peuvent être paires à la fois; elles seront donc toutes les trois impaires, et l'on aura

$$ghk = 2j + 1.$$

Dans ce cas, en vertu du scolie du théorème XIV, le paramètre de la trace de (ghk) sur le plan des xy est rendu deux fois moindre par l'effet du centrage; en outre, il est évident que (ghk) contient des nouveaux Sommets dont les coordonnées sont de la forme

$$x = m, \quad y = n + \tfrac{1}{2}, \quad z = p + \tfrac{1}{2},$$

m, n, p étant convenablement choisis : sa trace sur le plan $z = p + \frac{1}{2}$ sera donc une Rangée comprise entre les deux Rangées déterminées par l'intersection du même plan (ghk) avec les plans $z = 0$, $z = 2p + 1$; le nombre de ces Rangées sera donc deux fois plus considérable après le centrage. La densité du Réseau devient ainsi quatre fois plus grande, et l'aire du parallélogramme générateur quatre fois moindre.

Si l'on représente par $S_f(ghk)$ la nouvelle valeur de $S(ghk)$, après l'opération du centrage, on aura, dans le premier cas,

$$S_f\left(g, h, k = \frac{2j}{gh}\right) = \frac{1}{2}\,S(ghk), \tag{93}$$

dans le deuxième cas,

$$S_f\left(g, h, k = \frac{2j+1}{gh}\right) = \frac{1}{4}\,S(ghk). \tag{94}$$

Théorème XVI. — *Lorsque, dans un Assemblage sénaire rapporté à son axe principal pris pour axe des* z, *et à deux de ses axes binaires de première espèce pris pour axes des* x *et des* y, *on ajoute, sur les plans dont l'équation est* $z = p \pm \frac{1}{3}$, *les Sommets nécessaires pour changer l'Assemblage en un Assemblage ternaire dont le Sommet à coordonnées* $(\frac{1}{3}, \frac{2}{3}, \frac{1}{3})$ *fasse partie, le parallélogramme générateur de la face* (ghk) *conservera son aire, si l'on a* $g - h + k = 3j \pm 1$, *et cette aire deviendra trois fois moindre, si l'on a* $g - h + k = 3j$. *Mais, si le nouvel Assemblage con-*

tient le Sommet $(\frac{2}{3}, \frac{1}{3}, \frac{1}{3})$, *la condition pour que* S(*ghk*) *devienne trois fois moindre sera* $-g+h+k=3j$.

Soit XYZ (*fig.* 2) le triangle formé sur le plan $z=\frac{1}{3}$ par les trois Sommets les plus rapprochés de l'origine des coordonnées O. Dans la figure, ce triangle est vu se projetant orthogonalement sur le plan $z=0$; Ox, Oy sont deux des trois axes binaires de première espèce de l'Assemblage. Les coordonnées du sommet X seront évidemment

$$x=\frac{1}{3}, \quad y=\frac{2}{3}, \quad z=\frac{1}{3};$$

les coordonnées des Sommets additionnels introduits sur le plan $z=\frac{1}{3}$ seront donc

$$x=m+\frac{1}{3}, \quad y=n-\frac{1}{3}, \quad z=\frac{1}{3};$$

celles des Sommets introduits sur le plan $z=\frac{2}{3}$ seront de même

$$x=m'+\frac{2}{3}, \quad y=n'-\frac{2}{3}, \quad z=\frac{2}{3}.$$

Les conditions pour que le plan (*ghk*) mené par l'origine contienne une partie de ces nouveaux Sommets seront donc

$$(95)\qquad \begin{cases} gm+hn+\dfrac{(g-h+k)}{3}=0, \\ gm'+hn'+\dfrac{2(g-h+k)}{3}=0. \end{cases}$$

Si donc $g-h+k$ est de la forme $3j\pm 1$, le plan (*ghk*) mené par l'origine ne pourra contenir aucun de ces Sommets, et, si l'on désigne par $S_r(ghk)$ la valeur de l'aire S (*ghk*) après le triplement des Sommets de l'Assemblage, on aura

$$(96)\qquad S_r(g, h, k=3j\pm 1-g+h)=S(ghk);$$

mais, si $g-h+k$ est divisible par 3, les traces du plan (*ghk*) sur les plans $z=\frac{1}{3}$, $z=\frac{2}{3}$ seront des Rangées de nouveaux Sommets dans le nouvel Assemblage, la densité du Réseau deviendra trois fois plus considérable, et, par conséquent, l'on aura

$$(97)\qquad S_r(g, h, k=3j-g+h)=\frac{1}{3}S(ghk).$$

Si l'on avait adopté la forme rhomboédrique inverse (Mémoire sur les Systèmes de points, page 73) correspondant au triangle X′Y′Z′ (*fig.* 2), le nouvel Assemblage aurait contenu le Sommet Y′ dont les coordonnées sont $(\frac{2}{3}, \frac{1}{3}, \frac{1}{3})$. Les coordonnées des nouveaux Sommets auraient été comprises dans les deux systèmes de formules

$$x = m + \tfrac{1}{3}, \quad y = n + \tfrac{1}{3}, \quad z = p + \tfrac{1}{3},$$
$$x = m' + \tfrac{2}{3}, \quad y = n' + \tfrac{2}{3}, \quad z = p' + \tfrac{2}{3},$$

et les équations (96), (97) se seraient changées en

$$(98) \qquad S_{r'}(g, h, k = 3j \pm 1 + g - h) = S(ghk),$$

$$(99) \qquad S_{r'}(g, h, k = 3j + g - h) = \tfrac{1}{3} S(ghk).$$

Théorème XVII. — *Lorsque, dans un Assemblage sénaire rapporté à son axe principal comme axe des* z, *et à deux de ses axes binaires de première espèce comme axes des* x *et des* y, *on centre tous les triangles équilatéraux des plans réticulaires parallèles aux* xy, *la face* (*ghk*) *conserve l'aire de son parallélogramme générateur, si* g — h *n'est pas divisible par* 3, *et cette aire devient trois fois moindre dans le cas contraire.*

Soient X, Y′, Z, X′,... (*fig.* 2) les nouveaux Sommets introduits par ce mode de centrage, et situés sur le plan $z = 0$. Ces Sommets se partagent en deux groupes, l'un dont les coordonnées sont exprimées par

$$x = m - \tfrac{1}{3}, \quad y = n + \tfrac{1}{3}, \quad z = 0,$$

l'autre dont les coordonnées sont

$$x = m + \tfrac{1}{3}, \quad y = n - \tfrac{1}{3}, \quad z = 0.$$

La condition pour que le plan (*ghk*) mené par l'origine contienne une partie de ces Sommets sera

$$(100) \qquad gm + hn \pm \frac{g - h}{3} = 0.$$

Si donc l'on a $g - h = 3j \pm 1$, le plan (*ghk*) ne pourra contenir aucun de ces Sommets, et si l'on nomme $S_b(ghk)$ ce que devient $S(ghk)$ après le centrage, on aura

$$\text{(101)} \qquad S_b(g, h = 3j \pm 1 - g, k) = S(ghk).$$

Mais si $g - h$ est divisible par 3, la trace de (ghk) sur le plan $z = 0$ contiendra des Sommets provenant des deux nouveaux groupes; il est facile de voir que le paramètre de cette Rangée sera devenu trois fois moindre, et que l'aire $S(ghk)$ aura diminué dans le même rapport. Ainsi l'on aura

$$\text{(102)} \qquad S_b(g, h = 3j - g, k) = \tfrac{1}{3} S(ghk).$$

§ X. — *De la détermination du mode cristallin et de la forme primitive d'une espèce minérale.*

Lorsque l'on connaît le système cristallin auquel se rapporte une espèce minérale, il reste à déterminer le mode particulier auquel elle appartient, et les paramètres linéaires qui achèvent de fixer la forme du solide générateur de son Assemblage.

On peut conserver à ce solide le nom de forme primitive, ses faces étant toujours parallèles à celles d'une ou de plusieurs des formes cristallines de la substance. Une molécule est supposée placée à chacun des sommets de ce polyèdre, quelquefois aussi en son centre de figure, ou même sur chacun des centres de ses faces.

Deux formes primitives, ou, ce qui revient au même, deux solides générateurs de l'Assemblage, sont équivalents lorsqu'ils donnent naissance au même Assemblage : on a alors une seule solution du problème de la détermination de la forme primitive, mais présentée de deux manières différentes.

Pour les cristaux appartenant au système régulier ou terquaternaire, la question doit être considérée comme résolue, dès que l'on sait si l'Assemblage terquaternaire est constitué suivant le mode hexaédral, octaédral ou dodécaédral.

Dans les systèmes sénaire, quaternaire et ternaire, il n'existe que deux paramètres distincts, dont l'un peut être pris pour unité; l'autre paramètre forme ainsi la seule inconnue de la question.

Dans le système terbinaire, le minéralogiste devra d'abord fixer son choix sur l'un des quatre modes qui dépendent de ce système; ensuite il devra déterminer deux des trois paramètres linéaires a, b, d; le troisième pourra toujours être supposé égal à l'unité.

Le système binaire présente quatre paramètres linéaires a, b, c, d; si l'on suppose $d = 1$, il restera à calculer a, b et c, c'est-à-dire les trois côtés du triangle principal du Réseau normal à l'axe binaire du système; il faudra pareillement opter entre les deux modes cristallins qui dépendent de ce système, et si l'on adopte le mode octaédral, on devra, suivant la remarque faite dans mon Mémoire sur les Systèmes de points (note de la page 97), déterminer sur lequel des trois côtés du triangle principal du Réseau normal à l'axe se projette le Sommet, centre du prisme générateur.

Enfin, dans le système asymétrique, le nombre des indéterminées réellement distinctes est égal à cinq : ce sont, par exemple, les cinq arêtes du tétraèdre principal, la sixième étant prise pour unité de longueur.

Pour obtenir la valeur des paramètres, nous avons à notre disposition la connaissance des inclinaisons des faces qui limitent le cristal, et les indices tirés de la disposition des plans de clivage. Il en résulte qu'après avoir déterminé un système de trois paramètres linéaires a, b, d, satisfaisant aux conditions tirées de ces indices, nous pouvons, sans cesser pour cela de rendre compte de la structure extérieure, remplacer a, b, d par trois autres paramètres ma, nb, pd de même direction relative, mais dont les rapports de grandeur ne sont plus les mêmes; m, n, p sont ici des nombres entiers qui peuvent être quelconques, sauf dans le cas où la symétrie exigerait l'égalité de deux ou de trois de ces paramètres.

Pour lever, autant que possible, l'indétermination relative aux facteurs numériques m, n, p, la règle suivie jusqu'ici par Haüy et ses successeurs a été d'adopter entre les paramètres des rapports de grandeur qui rendent les notations symboliques des faces les plus habituelles du cristal aussi simples que possible. Par exemple, Haüy, en parlant de ses recherches sur l'euclase, s'exprime ainsi : « Je cherchai le rapport que devaient avoir entre elles les « trois dimensions du prisme pour que l'ensemble des lois de décroissement « qui en dériveraient s'écartât le moins qu'il serait possible de la simplicité « des lois ordinaires (*). » Or, l'application d'une telle règle laisse évidem-

(*) Haüy, *Cristallographie*, 2e édition, tome II, page 155.

ment une large part à l'arbitraire, puisque les cristallographes ne sont même pas d'accord entre eux sur les symboles des faces, et que la même face, de notation simple pour un auteur, offre souvent une notation beaucoup plus complexe dans le système d'un autre auteur. Aussi les minéralogistes ont-ils coutume d'abandonner la question, lorsqu'elle a été poussée jusqu'à ce point qu'un, deux ou trois systèmes de valeurs de m, n, p rendent un compte suffisamment simple de la structure extérieure; cependant des deux ou trois solutions qui ont pu être ainsi obtenues, une seule est celle de la nature.

Pour lever autant que possible cette indétermination, je vais employer une hypothèse qui n'offrira point, il est vrai, le degré de rigueur des résultats auxquels nous avons été conduits jusqu'ici, mais qui aura sur les méthodes anciennes l'avantage d'avoir un point d'appui théorique, celui de ne laisser qu'une faible part à l'arbitraire du calculateur, et enfin, d'offrir les vérifications les plus variées.

J'admettrai que, dans un Assemblage cristallin, les plans réticulaires les plus faciles à séparer de leurs limitrophes par l'opération du clivage sont, *en général,* ceux qui servent de limites aux strates de plus grande épaisseur.

Voici les considérations théoriques qui militent en faveur de cette manière de voir.

Lorsque le clivage sépare l'un de l'autre deux plans réticulaires voisins, on a à considérer, d'une part, la force avec laquelle les molécules d'un même plan se retiennent l'une l'autre, force qui est la *cohésion tangentielle au plan,* ou la résistance à la rupture suivant des lignes menées dans ce plan; on a à considérer, d'autre part, la force avec laquelle les molécules du plan retiennent à proximité les molécules du plan limitrophe, force que l'on peut nommer la *cohésion normale au plan,* ou la résistance à la rupture suivant la direction parallèle à ce plan. Or on sait qu'en général la cohésion des corps est d'autant plus grande que les intervalles moyens des molécules sont plus petits. D'après cela, il est permis de penser que, toutes choses d'ailleurs égales, la cohésion tangentielle sera d'autant plus grande que le Réseau du plan sera plus dense, et que la cohésion normale sera d'autant plus faible que l'écartement des deux plans limitrophes sera plus considérable.

Lorsque l'on examine l'un après l'autre les divers systèmes de plans réticulaires du cristal, la densité du Réseau et l'écartement des deux plans limitrophes pour chacun de ces systèmes sont deux quantités qui croissent et décroissent ensemble, restant toujours proportionnelles l'une à l'autre. On a, en effet, d'après l'équation (51) du Mémoire sur les Systèmes de points,

$$\Delta\,\mathrm{S}(ghk) = \Omega = \text{constante},$$

et, par conséquent (équation 68 du Mémoire actuel),

$$\Delta = \Omega\rho.$$

Ainsi, à mesure que l'on considérera des faces dont la densité réticulaire sera de plus en plus grande, on verra la cohésion tangentielle augmenter et la cohésion normale diminuer; par conséquent, la tendance au clivage suivant ces faces deviendra de plus en plus évidente, puisque la cohésion tangentielle le favorise, tandis que la cohésion normale tend à le prévenir. Donc le clivage le plus facile devra se faire parallèlement au plan réticulaire de densité maximum, et, si le cristal est clivable parallèlement à deux ou à trois formes cristallines, l'ordre de facilité de ces clivages devra correspondre à l'ordre des densités décroissantes des tissus réticulaires correspondants.

On démontrera, à peu près de même, que les faces les plus aptes à se produire dans l'acte de la cristallisation, ou, en d'autres termes, les plans réticulaires les plus aptes à limiter le cristal, sont aussi, *en général*, ceux dont la densité réticulaire est la plus considérable; car les mouvements internes qui agissent incessamment sur la superficie de la masse cristalline en voie de formation jouent, jusqu'à un certain point, le rôle des forces extérieures qui s'emploient à cliver un cristal; ils ont dû, par conséquent, respecter de préférence les séries moléculaires qui se trouvent disposées suivant des plans réticulaires dont les Réseaux ont les tissus les plus serrés. A ce point de vue, la faculté de limitation effective que possède chaque face possible du cristal doit être, au moins en partie, proportionnelle à la densité de son tissu. Toutefois, ce critérium paraît devoir être moins certain que celui que l'on déduit de la considération du clivage; car la formation des faces naturelles s'est trouvée soumise, pendant la cristallisation, à une multitude de forces étrangères, difficiles à analyser, et qui ont pu favoriser la production de telle ou telle forme cristalline, ou même ne pas agir également sur les différents côtés du cristal. Au contraire, lorsque le cristal définitivement constitué est soumis ultérieurement aux épreuves du clivage, il se trouve soustrait à toute trace de l'action des forces qui ont modifié primordialement sa structure extérieure (*), et peut fournir aux observateurs des indices indépendants de son état initial.

Nous nous résumons en énonçant nettement la règle que nous substituons à la loi empirique des notations les moins complexes, et cette règle nous servira désormais à déterminer le mode cristallin d'une espèce minérale, ainsi que les rapports de ses paramètres. Nous devrons, dans chaque cas particulier, « choisir parmi le nombre infini de solutions que comporte la « détermination de la forme primitive, celle qui assigne aux diverses faces « possibles du cristal des densités réticulaires dont la série décroissante « représente aussi exactement que possible la série décroissante des facilités « de production, soit naturelle (par la cristallisation), soit artificielle (par le « clivage) de ces mêmes faces » : il est sous-entendu que la facilité de production naturelle des faces se constatera par l'examen attentif d'un très-grand nombre d'échantillons de la même espèce, recueillis dans des circonstances aussi variées que possible.

Dans le cas où les indices déduits du clivage ne seraient pas complétement d'accord avec ceux tirés de l'examen des formes extérieures dominantes, notre règle laissera quelque prise à l'arbitraire, jusqu'à ce qu'une application suivie de la méthode nous ait mis à même de juger du degré de confiance que méritent ces divers indices.

Cette concordance d'un certain genre de clivage avec les rapports de longueur des paramètres linéaires a déjà été remarquée par M. Frankenheim (**), qui fait observer notamment que, dans les cristaux quaternaires de l'apophyllite et de l'uranite, où $a < d$, le clivage est parallèle à la base.

La densité réticulaire de la face (ghk) ayant pour valeur

$$\frac{1}{S(ghk)},$$

(*) Cette proposition ne doit pas être acceptée dans un sens trop rigoureux : la même espèce minérale n'a pas toujours les mêmes clivages également faciles; mais les variations sont beaucoup moins étendues que celles qui se manifestent dans le degré de prédominance des mêmes faces, entre divers échantillons de la même espèce.

(**) FRANKENHEIM, *die Lehre von der Cohæsion*, page 306.

au lieu d'ordonner les faces suivant les valeurs décroissantes de cette expression, nous pourrons les ranger suivant les valeurs croissantes de l'aire élémentaire $S(ghk)$, ou plutôt du carré de cette aire, afin d'éviter les radicaux du second degré.

S'il existe dans $S(ghk)$, ou dans $S^2(ghk)$, des facteurs indépendants de g, h, k, nous pourrons les supprimer, sans troubler l'ordre suivant lequel se succèdent les formes cristallines. Nous désignerons donc par $\Sigma(ghk)$, $\Sigma^2(ghk)$ ce que deviennent les valeurs de $S(ghk)$, $S^2(ghk)$ débarrassées de semblables facteurs, et après avoir remplacé, dans les équations (69) à (102), S, S^2 par Σ, Σ^2, nous pourrons supprimer ou introduire dans leurs seconds membres un facteur quelconque, pourvu qu'il ne soit pas fonction des caractéristiques.

Nous allons maintenant appliquer les formules du § IX à chacun des quatorze modes cristallins.

Système terquaternaire, mode hexaédral.

Les trois axes quaternaires sont pris pour axes coordonnés; les paramètres sont a, a, a. On a (formule 79)

$$S^2(ghk) = (g^2 + h^2 + k^2)\, S^2(001),$$

et, si l'on change S^2 en Σ^2,

$$\Sigma^2(ghk) = g^2 + h^2 + k^2. \tag{103}$$

La deuxième colonne du Tableau n° I a été calculée sur cette formule.

Système terquaternaire, mode octaédral.

Ce mode dérive du précédent par le centrage des six faces du cube.

Élevez au carré les équations (93) et (94), changez-y S^2 en Σ^2, remplacez $\Sigma^2(ghk)$ par sa valeur tirée de (103), et multipliez les seconds membres par 16; vous aurez

$$\Sigma^2_f\left(g, h, k = \frac{2j+1}{gh}\right) = g^2 + h^2 + k^2,$$

$$\Sigma^2_f\left(g, h, k = \frac{2j}{gh}\right) = 4\,(g^2 + h^2 + k^2).$$

On peut réunir ces deux formules en une seule et écrire

$$(104)\qquad \Sigma_f^2(g, h = 2j - g,\quad k = 2j' - g) = g^2 + h^2 + k^2,$$

en sous-entendant que, dans le cas où les relations

$$h = 2j - g,\quad k = 2j' - g,$$

n'auraient pas lieu, on les obtiendrait de force, en multipliant les trois caractéristiques g, h, k par le nombre 2. Sous cette réserve, l'équation (104) remplace, à elle seule, les deux précédentes : elle a servi à calculer la quatrième colonne du Tableau n° I.

Système terquaternaire, mode dodécaédral.

Ce mode dérive du mode hexaédral, en centrant chacun des cubes de ce dernier en son centre de figure.

Élevez au carré les équations (81) et (82), changez-y S^2 en Σ^2, remplacez $\Sigma^2(ghk)$ par sa valeur tirée de (103), et multipliez les seconds membres par 4; vous aurez

$$(105)\qquad \begin{aligned} &\Sigma_c^2(g, h, k = 2j - g - h) = g^2 + h^2 + k^2,\\ &\Sigma_c^2(g, h, k = 2j + 1 - g - h) = 4(g^2 + h^2 + k^2). \end{aligned}$$

La première de ces deux formules suffit, si l'on sous-entend que, dans le cas où la relation

$$k = 2j - g - h$$

ne serait pas satisfaite, on la rétablirait en multipliant g, h, k par 2. La sixième colonne du Tableau n° I a été calculée au moyen de cette équation.

Remarques sur le système terquaternaire. — Dans le mode hexaédral, le cube doit être la forme dominante; après lui vient la forme {110} qui représente le dodécaèdre rhomboïdal. Le sel gemme, le plomb sulfuré me paraissent appartenir au mode hexaédral.

Dans le mode octaédral, c'est l'octaèdre {111} qui domine; la forme cubique {100} doit aussi se présenter fréquemment. Le diamant, l'alun, le spinelle, plusieurs métaux natifs semblent dépendre du mode octaédral. Les piles de boulets offrent un exemple de ce genre d'arrangement.

Dans le mode dodécaédral, la forme dominante est le dodécaèdre rhomboïdal {110}; la forme octaédrique n'occupe plus que le cinquième rang. Les grenats, la tennantite doivent se rapporter au mode dodécaédral.

Quelquefois le cristal a des clivages octaédriques, et cependant sa forme dominante est le cube: exemples, le bismuth et le spath fluor; ces substances me paraissent devoir être rangées parmi les substances octaédrales.

Système sénaire.

L'axe sénaire est pris pour axe des z; son paramètre est égal à d. Les axes binaires de première espèce OG, OH (*fig.* 2) sont pris pour axes des x et des y; OI est l'axe auxiliaire auquel se rapporte la caractéristique additionnelle : leurs paramètres sont a, a, a. La notation est à quatre caractéristiques. On a alors (formule 78),

$$S^2(ghik) = (g^2 + h^2 + i^2 + k^2 . 2\cot^2 U)\tfrac{1}{2}\Sigma^2(01\bar{1}0).$$

Dans cette équation, changez S^2 en Σ^2, supprimez le facteur $\frac{1}{2}\Sigma^2(01\bar{1}0)$, et posez, pour abréger,

$$(106) \qquad 2\cot^2 U = \lambda;$$

vous aurez

$$(107) \qquad \Sigma^2(ghik) = g^2 + h^2 + i^2 + k^2\lambda.$$

Le Tableau n° II a été calculé sur cette formule.

Pour les birhomboèdres de première espèce, on a

$$\Sigma^2(go\bar{g}k) = 2g^2 + k^2\lambda;$$

pour les birhomboèdres de deuxième espèce, on a

$$\Sigma^2(gg\overline{2g}k) = 6g^2 + k^2\lambda.$$

Ainsi les formes parallèles de première espèce doivent l'emporter sur celles de deuxième espèce, quant à leur aptitude à se produire dans l'acte de la cristallisation, et quant à leur tendance à résulter du clivage. On choisira donc les axes binaires de première espèce, de manière à ce qu'ils soient parallèles aux formes dominantes; cette remarque lèvera l'ambiguïté relative à la direction que l'on doit donner aux axes de première et de deuxième espèces, dans l'intérieur du cristal.

Parmi les formes obliquement placées par rapport à l'axe sénaire, la forme dominante sera le birhomboèdre de première espèce $\{10\bar{1}1\}$.

On déterminera l'angle U, soit par une mesure directe, soit indirectement par la mesure de l'angle que forment entre elles deux faces de $\{10\bar{1}1\}$.

On pourrait aussi déduire U, et par suite le rapport $\frac{a}{d}$, de la connaissance de l'angle que fait une face oblique quelconque $(ghik)$ avec le plan normal à l'axe sénaire; car la formule (56), appliquée à ce cas, donne

$$\operatorname{tang}\left[\widehat{(ghik),(0001)}\right] = \frac{-\sqrt{(g^2+h^2+i^2)\,2\cot^2 U}}{k\,.\,2\cot^2 U},$$

$$(108)\qquad 2\cot^2 U = \frac{g^2+h^2+i^2}{k^2}\cot^2\left\{\widehat{(ghik),(0001)}\right\}.$$

On adoptera d'une manière définitive le rapport $\frac{a}{d}$, si l'ordre de prédominance théorique des diverses formes se trouve conforme à celui que l'observation directe d'un grand nombre d'échantillons aura fait découvrir.

Je citerai comme exemples :

1°. L'apatite qui, d'après les observations de M. Descloizeaux, fournit les valeurs $a = 1$, $d = 0{,}735$, d'où $\lambda = 2{,}78$.

Les formes dominantes sont :

Le prisme hexaèdre de première espèce $\{10\bar{1}0\}$ $(\Sigma^2 = 2{,}00)$; c'est parallèlement à ces faces qu'a lieu le principal clivage;

Les troncatures terminales $\{0001\}$ $(\Sigma^2 = 2{,}78)$; faibles signes de clivage dans ce sens;

Le birhomboèdre de première espèce $\{10\bar{1}1\}$ $(\Sigma^2 = 4{,}78)$;

Le prisme hexaèdre de deuxième espèce $\{11\bar{2}0\}$ $(\Sigma^2 = 6{,}00)$;

Le birhomboèdre de deuxième espèce $\{11\bar{2}1\}$ $(\Sigma^2 = 8{,}78)$;

Le birhomboèdre de première espèce $\{20\bar{2}1\}$ $(\Sigma^2 = 10{,}78)$;

Le birhomboèdre de première espèce $\{10\bar{1}2\}$ $(\Sigma^2 = 13{,}12)$;

Le prisme dodécaèdre $\{21\bar{3}0\}$ $(\Sigma^2 = 14{,}00)$; ordinairement hémiédrique;

Le didodécaèdre $\{21\bar{3}1\}$ ($\Sigma^2 = 16,78$); hémiédrique;

Rarement le birhomboèdre de deuxième espèce $\{11\bar{2}2\}$ ($\Sigma^2 = 17,12$).

Si une nouvelle forme venait à se montrer, on peut présumer que cette forme serait le birhomboèdre de première espèce $\{30\bar{3}1\}$.

2°. L'émeraude, pour laquelle on admet généralement $a = 1$, $d = 1$, d'où $\lambda = 1,50$. Ces valeurs expliquent le clivage qu'offre l'émeraude parallèlement à ses bases; mais la série des formes dominantes est plus exactement représentée par le système d'équations

$$a = 1, \quad d = 0,50, \quad \lambda = 6,00;$$

les formes dominantes, rangées suivant les valeurs de Σ^2, sont alors $\{10\bar{1}0\}$, $\{0001\}$, $\{11\bar{2}0\}$, $\{10\bar{1}1\}$, $\{11\bar{2}1\}$, $\{20\bar{2}1\}$, $\{21\bar{3}0\}$, série qui s'accorde assez exactement avec les rapports de fréquence qu'indique l'observation d'un grand nombre d'échantillons de cette espèce minérale.

Ici les indices tirés du clivage ne sont pas complétement d'accord avec ceux déduits de la structure extérieure; on peut toutefois espérer que l'ambiguïté qui en résulte pourra être levée, dans un état plus avancé de nos connaissances cristallographiques.

3°. Le plomb phosphaté, le plomb arséniaté, la néphéline, la chlorite hexagonale.

4°. Le cuivre sulfuré, le cadmium sulfuré. Ces deux substances sont remarquables par la prédominance des formes de première espèce, d'où résulte la coordination des faces en trois zones ayant pour axes les axes binaires de première espèce du système cristallin. Cette prédominance paraît devoir être attribuée à la petitesse des valeurs de λ. En effet :

Dans le cadmium sulfuré, $a = 1$, $d = 1,63$, $\lambda = 0,565$,

$$\Sigma^2\{10\bar{1}1\} = 2,565, \quad \Sigma^2\{10\bar{1}2\} = 4,260, \quad \Sigma^2\{10\bar{1}3\} = 7,085,$$

et pour le premier birhomboèdre de deuxième espèce, $\Sigma^2\{11\bar{2}1\} = 6,565$.

Dans le cuivre sulfuré, $a = 1$, $d = 1,708$, $\lambda = 0,514$,

$$\Sigma^2\{10\bar{1}1\} = 2,514, \quad \Sigma^2\{10\bar{1}2\} = 4,056, \quad \Sigma^2\{10\bar{1}3\} = 6,626,$$

et pour le premier birhomboèdre de deuxième espèce, $\Sigma^2\{11\bar{2}1\} = 6,514$.

5°. Le quartz, l'un des minéraux dont la cristallisation offre le plus de particularités intéressantes, et que l'on a coutume de rapporter au système rhomboédrique. Malgré l'opinion dominante à cet égard, il me paraît probable que la symétrie de l'Assemblage moléculaire est sénaire. Je reviendrai sur ce sujet en traitant de l'hémiédrie du quartz et des hémitropies auxquelles elle donne lieu.

6°. Et probablement plusieurs autres substances que l'on range dans le système rhomboédrique, mais qui ne paraissent rhomboédriques que par un effet d'hémiédrie.

Système quaternaire, mode hexaédral.

L'axe quaternaire est pris pour axe des z; son paramètre est égal à d. Les axes binaires de première espèce sont pris pour axes des x et des y; leurs paramètres sont a, a. Dans la formule (76), changez S^2 en Σ^2, divisez le second membre par $\Sigma^2(100)$, et posez, pour abréger,

$$\cot^2 U = \lambda; \tag{109}$$

vous aurez

$$\Sigma^2(ghk) = g^2 + h^2 + k^2\lambda. \tag{110}$$

La moitié supérieure du Tableau n° III a été calculée sur cette formule.

Les birhomboèdres du système sénaire sont ici remplacés par des octaèdres qui peuvent être de première espèce, si leurs faces sont parallèles aux axes binaires de première espèce, ou de deuxième espèce, si elles sont parallèles aux axes de deuxième espèce.

Le symbole général des octaèdres de première espèce est $\{gok\}$; le prisme $\{100\}$ en est un cas particulier.

Le symbole général des octaèdres de deuxième espèce est $\{ggk\}$; le prisme $\{110\}$ en est un cas particulier.

Pour les octaèdres de première espèce, on aura donc

$$\Sigma^2(gok) = g^2 + k^2\lambda,$$

et pour les octaèdres de deuxième espèce,

$$\Sigma^2(ggk) = 2g^2 + k^2\lambda.$$

Ainsi les formes de première espèce sont les formes dominantes ; cette circonstance servira à fixer la position des axes binaires de première espèce.

Parmi les formes obliquement placées, par rapport à l'axe quaternaire, la forme dominante sera l'octaèdre $\{101\}$.

On déterminera par une mesure directe, ou indirectement par la mesure de l'angle que forment entre elles deux faces de $\{101\}$, l'inclinaison U de la face (101) sur la face (001).

Connaissant U, on aura facilement le rapport $\frac{d}{a}$.

L'idocrase, le mésotype, le plomb molybdaté me paraissent appartenir au mode hexaédral.

Système quaternaire, mode octaédral.

Ce mode dérive du précédent par le centrage des prismes droits en leur centre de figure.

Élevez au carré les équations (81) et (82), changez-y S^2 en Σ^2, remplacez $\Sigma^2(ghk)$ par sa valeur tirée de (110), et multipliez les seconds membres par 4; vous aurez

$$(111)\qquad \begin{aligned} \Sigma_c^2(g, h, k = 2j - g - h) &= g^2 + h^2 + k^2\lambda, \\ \Sigma_c^2(g, h, k = 2j + 1 - g - h) &= 4(g^2 + h^2 + k^2\lambda). \end{aligned}$$

La première de ces deux formules peut remplacer la seconde, si l'on sous-entend que, dans le cas où la relation

$$k = 2j - g - h$$

n'aurait pas lieu, on l'établirait en doublant les trois caractéristiques g, h, k.

La moitié inférieure du Tableau n° III a été calculée sur la formule (111).

Dans les formes prismatiques parallèles à l'axe principal, c'est le prisme de deuxième espèce $\{110\}$ qui doit dominer: au contraire, parmi les formes inclinées à l'axe quaternaire, c'est l'octaèdre de première espèce $\{101\}$ qui sera la forme principale. On voit que dans le mode octaédral, la combinaison dominante sera le prisme $\{110\}$ terminé par les pointements octaédriques $\{101\}$ qui alterneront avec les faces du prisme. Dans le mode hexaédral, au contraire, la combinaison dominante sera le prisme droit $\{100\}$

muni de ses bases {001}. Cette circonstance pourra servir à distinguer les deux modes l'un de l'autre.

Si l'on adopte le mode octaédral, les axes binaires de première espèce devront être placés parallèlement aux faces de l'octaèdre {101}.

Si, le cristal étant rapporté à ses axes binaires de première espèce, on veut le rapporter à ses axes binaires de deuxième espèce, ou *vice versâ*, si l'on veut passer des axes de deuxième espèce aux axes de première espèce, on changera les notations des faces en remplaçant (ghk) par $(g+h, g-h, k)$.

Dans le mode octaédral rapporté à ses axes binaires de première espèce, les formes à somme algébrique des caractéristiques divisible par 2 sont plus fréquentes que les formes à somme impaire; c'est l'inverse dans le mode hexaédral.

L'apophyllite, le rutile, le zircon me paraissent devoir être rangés parmi les cristaux du mode quaternaire octaédral.

Système ternaire.

L'axe ternaire est pris pour axe des z; son paramètre est égal à d. Les axes binaires OG, OH, OI (*fig.* 2) sont pris pour axe des x, pour axe des y et pour axe auxiliaire; leurs paramètres sont a, a, a. La notation est à quatre caractéristiques.

Dans le système ternaire, il ne peut y avoir aucun doute sur la position des trois axes coordonnés du plan des xy, attendu qu'il n'y a point d'axes binaires de deuxième espèce : les intersections des trois plans de symétrie avec le plan des xy les remplacent. La symétrie extérieure du cristal indiquera toujours sans ambiguïté comment sont placés les axes binaires, comment sont placés les plans de symétrie.

Un Assemblage ternaire peut être considéré comme dérivant d'un Assemblage sénaire trois fois moins riche en Sommets (Mémoire sur les Systèmes de points, page 73). De cet Assemblage sénaire faisons naître un Assemblage à forme rhomboédrique directe, c'est-à-dire dont le rhomboèdre générateur ait pour symbole {$01\bar{1}1$}: alors, rétablissons dans les équations (96) et (97) la caractéristique i, élevons-les au carré, changeons-y S^2 en Σ^2, remplaçons $\Sigma^2(ghik)$ par sa valeur tirée de (107), et enfin multiplions les seconds membres par 9; nous aurons

$$(112)\qquad \begin{aligned} &\Sigma_r^2(g, h, i, k = 3j - g + h) = g^2 + h^2 + i^2 + k^2\lambda,\\ &\Sigma_r^2(g, h, i, k = 3j \pm 1 - g + h) = 9(g^2 + h^2 + i^2 + k^2\lambda). \end{aligned}$$

La première de ces équations comprend la seconde comme cas particulier, si l'on sous-entend que, dans le cas où la relation $k = 3j - g + h$ n'aurait pas lieu, on l'établirait en multipliant par 3 les quatre caractéristiques g, h, i, k.

La moitié supérieure du Tableau n° IV a été calculée d'après l'équation (112), qui suppose que la face $(01\bar{1}1)$ appartient au rhomboèdre générateur de l'Assemblage.

Mais si l'Assemblage ternaire était de forme rhomboédrique inverse, c'est-à-dire si la forme $\{10\bar{1}1\}$ représentait le rhomboèdre générateur, on aurait recours aux équations (98) et (99), d'où l'on déduirait facilement

$$(113)\qquad \Sigma_{r'}^2(g, h, i, k = 3j + g - h) = g^2 + h^2 + i^2 + k^2\lambda.$$

La moitié inférieure du Tableau n° IV est calculée sur cette formule.

Pour l'intelligence du Tableau n° IV, il convient de se rappeler la remarque déjà faite à la page 22 (ligne 3), d'après laquelle il est toujours permis de supposer, dans le symbole $\{ghik\}$ de la forme cristalline, que les deux premières caractéristiques g, h sont positives, ainsi que la dernière k; alors, avec les caractéristiques g, h, i, k on ne peut obtenir que les deux formes distinctes $\{ghik\}$, $\{hgik\}$, et même ces deux formes se confondent en une seule, 1° si l'on a $h = g$, 2° si l'on a $k = 0$.

Parmi les formes obliquement placées par rapport à l'axe sénaire, la forme dominante est le rhomboèdre générateur de l'Assemblage. Presque toujours cette forme bien développée caractérise le système ternaire. Lorsqu'elle aura été reconnue dans le cristal soumis à notre examen, nous prendrons arbitrairement l'un des trois axes binaires pour axe des x, et nous placerons le cristal de sorte que son axe ternaire soit vertical, le demi-axe des x positives étant dirigé de la gauche à la droite, et celle des trois faces du pointement supérieur qui est parallèle à l'axe des x étant tournée vers le spectateur; cette face recevra la notation $(01\bar{1}1)$, et fixera la position du demi-axe des y positives, conformément aux conventions de la page 24.

Si l'on ne prenait pas les précautions que je viens d'indiquer, on pourrait tomber sur la forme rhomboédrique inverse; mais je supposerai toujours que le cristal est ainsi placé, que la face $(01\bar{1}1)$ appartienne au rhomboèdre générateur, et soit orientée d'après les conventions précédentes.

On déterminera, soit par une mesure directe, soit indirectement, l'inclinaison U de la face $(01\bar{1}1)$ sur la face (0001), et l'on aura, comme dans le système sénaire,

$$\lambda = 2\cot^2 U = \frac{3a^2}{2d^2}.$$

On vérifiera cette valeur de λ par d'autres mesures goniométriques, et au moyen de la formule (108) mise sous la forme

$$\tan^2(\widehat{ghik, 0001}) = \frac{g^2+h^2+i^2}{k^2\lambda}.$$

Les trois formes dominantes du système ternaire sont $\{0001\}$, $\{01\bar{1}1\}$, $\{11\bar{2}0\}$.

Lorsque λ est compris entre 0 et 0,25, les faces $\{0001\}$ sont celles de densité maximum, et c'est normalement à l'axe ternaire que le clivage doit avoir lieu. Ce cas se présente pour tous les rhomboèdres dont l'angle dièdre principal est compris entre 0° et 70° 32′, c'est-à-dire pour les rhomboèdres plus aigus que le tétraèdre régulier, par exemple pour le rhomboèdre de la craïtonite.

Lorsque λ est compris entre 0,25 et 4, les faces de densité maximum sont les faces du rhomboèdre générateur, et c'est parallèlement à ces faces que le clivage doit avoir lieu. Ce cas se présente pour tous les rhomboèdres dont l'angle dièdre principal est compris entre 70° 32′ et 120°, c'est-à-dire pour les rhomboèdres à sommets principaux moins aigus que ceux du tétraèdre régulier, et moins obtus que les angles trièdres du dodécaèdre rhomboïdal, c'est-à-dire pour la grande majorité des cristaux rhomboédriques connus. Aussi, dans le système ternaire, le clivage principal donne-t-il presque toujours un noyau rhomboédrique.

Enfin, lorsque l'on a $\lambda > 4$, et que le rhomboèdre générateur est plus obtus que celui de 120 degrés (tourmaline par exemple), la forme dominante est le prisme hexaèdre de deuxième espèce $\{11\bar{2}0\}$ (prisme tangent aux arêtes latérales du rhomboèdre); mais comme cette forme est ouverte, elle n'exclut pas la forme $\{01\bar{1}1\}$. Il en serait de même dans le cas de $\lambda < 0{,}25$; la forme $\{0001\}$, étant une forme ouverte, n'exclurait pas $\{01\bar{1}1\}$; de sorte que l'on peut dire, en thèse générale, que « dans tout cristal ternaire, les « faces du rhomboèdre générateur doivent *théoriquement* faire partie du sys- « tème général des faces effectives du cristal. »

Le système ternaire, à cause de la facilité avec laquelle il laisse déterminer sa forme primitive, est très-favorable à la recherche des rapports qui existent entre la densité réticulaire des faces et leur tendance à limiter extérieurement le cristal.

Si l'on avait pris, avec M. Miller, les trois arêtes du rhomboèdre générateur pour axes coordonnés, on trouverait facilement, par les méthodes de transformation de la page 23, la formule suivante,

$$(114)\quad \Sigma^2(ghk) = (k-h)^2 + (g-k)^2 + (h-g)^2 + (g+h+k)^2\lambda.$$

Le Tableau n° V est construit sur cette dernière formule.

Abaques des systèmes sénaire, quaternaire et ternaire. — Dans ces trois systèmes cristallins, la densité réticulaire d'une face (ghk) ou $(ghik)$ dépend de la seule indéterminée λ, que l'on pourrait appeler le *module* du système, et l'on a

$$\Sigma^2(ghk \text{ ou } ghik) = F + f\lambda,$$

F et f étant des fonctions entières des caractéristiques numériques g, h, i, k. Si donc l'on trace sur un plan (*fig.* 7) une série de droites dont les équations en coordonnées linéaires v, λ soient

$$v = F + f\lambda,$$
$$v = F' + f'\lambda,$$
$$v = F'' + f''\lambda, \text{ etc.},$$

(F, f), (F', f'), (F'', f'') étant les différents systèmes de valeurs que fournit, pour les diverses formes cristallines, l'équation

$$\Sigma^2 (ghk \text{ ou } ghik) = F + f\lambda,$$

et si l'on affecte à chacune de ces droites la notation de la forme cristalline correspondante, on aura construit un *abaque* du mode cristallin considéré.

La *fig.* 7 représente un pareil abaque pour le système sénaire, et l'on pourrait en construire d'analogues pour le mode quaternaire hexaédral, pour le mode quaternaire octaédral et pour le système ternaire.

L'usage de cet abaque est le suivant : soient $\lambda_0, \lambda_1, \lambda_2, \ldots$, les valeurs particulières du module λ pour les diverses espèces minérales $E_0, E_1, E_2, \ldots$, du système sénaire. Parallèlement à l'axe des ordonnées v, tracez les droites

$$\lambda = \lambda_0, \quad \lambda = \lambda_1, \quad \lambda = \lambda_2, \ldots.$$

Pour l'espèce minérale E_0, la manière dont se succèdent les intersections de la droite $\lambda = \lambda_0$ avec chacune des droites représentatives des formes $\{ghik\}$ fera connaître l'ordre *théorique* de la fréquence relative de ces formes et celui de leur facilité au clivage. Il en sera de même pour les autres espèces minérales du même système. On a tracé, en effet, sur l'abaque les lignes verticales correspondant à un certain nombre de ces espèces.

Système terbinaire, mode hexaédral rectangle.

Les trois axes binaires, complétement déterminés de position par la symétrie extérieure du cristal, sont pris pour axes des x, des y et des z ; les trois paramètres sont a, b et d ; l'axe des z continue à être placé verticalement.

On a alors, en faisant, pour abréger, dans la formule (74),

$$(115) \qquad \operatorname{tang}^2 U = \frac{d^2}{b^2} = \lambda, \quad \operatorname{tang}^2 V = \frac{d^2}{a^2} = \lambda',$$

$$S^2(ghk) = (g^2\lambda' + h^2\lambda + k^2)\, S^2(001).$$

Dans cette équation, changez S^2 en Σ^2, divisez le second membre par

$\Sigma^2(001)$; il viendra

$$(116)\qquad \Sigma^2(ghk) = g^2\lambda' + h^2\lambda + k^2.$$

La première partie du Tableau n° VI est calculée d'après cette formule.

Pour déterminer λ et λ', on examinera les formes dominantes appartenant à la zone dont l'expression générale est $\{0hk\}$, ainsi que les formes dominantes des zones dont l'expression générale est $\{g0k\}$ ou $\{gk0\}$.

Dans la zone $\{0hk\}$, après les formes $\{010\}$ et $\{001\}$, vient la forme $\{011\}$, qui pourra servir à déterminer le rapport $b:d$.

On traitera de même les zones $\{g0k\}$ et $\{gh0\}$. Les trois rapports $b:d$, $a:d$, $a:b$, devront satisfaire à l'équation de condition,

$$\frac{b}{d}\,\frac{a}{b} = \frac{a}{d}.$$

Parmi les formes fermées, la plus fréquente doit être la forme $\{111\}$; on peut aussi l'employer à la détermination des rapports des paramètres.

La forme de plus facile clivage devra être $\{100\}$, $\{010\}$ ou $\{001\}$.

La bournonite, le péridot, paraissent appartenir à ce mode, l'un des moins riches de ce système cristallin.

Système terbinaire, mode hexaédral rhombique.

Ce mode dérive du précédent, par le centrage des bases rectangulaires des prismes droits qui composent l'Assemblage hexaédral.

Élevez au carré les équations (83) et (84), changez-y S^2 en Σ^2, remplacez $\Sigma^2(ghk)$ par sa valeur tirée de (116), et multipliez les seconds membres par 4; vous aurez

$$(117)\qquad \begin{aligned} \Sigma^2_{xy}\{g,\, h = 2j - g,\, k\} &= g^2\lambda' + h^2\lambda + k^2, \\ \Sigma^2_{xy}\{g,\, h = 2j + 1 - g,\, k\} &= 4(g^2\lambda' + h^2\lambda + k^2). \end{aligned}$$

La première de ces deux formules embrasse la seconde, si l'on sous-entend que, dans le cas où la relation

$$h = 2j - g$$

ne serait pas satisfaite, on devrait multiplier g, h, k par le nombre 2.

La formule (117) a servi à calculer la deuxième partie du Tableau n° VI.

Les formes dominantes sont, en général, $\{001\}$ et $\{110\}$; leur combinaison donne un cristal en forme de prisme droit ayant pour base un rhombe semblable à la base du prisme générateur.

Lorsque les formes $\{001\}$, $\{110\}$ se combinent avec celle des deux formes $\{100\}$, $\{010\}$ dont l'aire élémentaire est la plus petite, c'est-à-dire avec la forme parallèle à la petite diagonale du rhombe de la base, la combinaison donne un prisme à six faces latérales, ayant pour base sur le plan des xy l'hexagone ABB'A'C'C de la *fig.* 6. Si l'angle CAB diffère peu de 120 degrés, ce prisme aura l'apparence du prisme hexaèdre régulier du système sénaire. Plusieurs substances minérales présentent assez fréquemment cette disposition.

La topaze, la cimophane me paraissent devoir appartenir à ce mode, l'un des plus riches en espèces minérales parmi les quatre modes que renferme le système terbinaire.

J'ai supposé que l'on avait centré les faces parallèles au plan des xy. Si le centrage avait porté sur les faces parallèles aux xz ou aux yz, on aurait eu

$$(118) \qquad \Sigma^2_{xz}\{g, h, k = 2j - g\} = g^2\lambda' + h^2\lambda + k^2,$$

$$(119) \qquad \Sigma^2_{yz}\{g, h, k = 2j - h\} = g^2\lambda' + h^2\lambda + k^2.$$

Le plus souvent la structure extérieure dénotera sur lequel des trois plans doit être placée la base rhombe.

Dans le doute, après avoir attribué à a, b, d leurs valeurs supposées, et affecté à chaque face sa notation symbolique, on séparera la série des formes observées en deux groupes, de trois manières différentes : 1° en coupant la série en deux, d'après les valeurs paire ou impaire de $g+h$; 2° en coupant la série, d'après les valeurs paire ou impaire de $g+k$; 3° en coupant la série, d'après les valeurs paire ou impaire de $h+k$. La coupe qui séparera la série en deux groupes les plus inégaux possibles avec prédominance des formes à sommes paires indiquera sur lequel des trois plans coordonnés doit être placée la base rhombe de la forme primitive.

Système terbinaire, mode octaédral rectangle.

Ce mode dérive du mode hexaédral rectangle par le centrage des prismes droits rectangulaires en leur centre de figure.

Élevez au carré les équations (81) et (82), changez-y S^2 en Σ^2, remplacez $\Sigma^2(ghk)$ par sa valeur déduite de (116), et multipliez les seconds membres par 4; vous aurez, comme dans le cas du mode quaternaire octaédral,

$$(119) \qquad \Sigma_c^2 \{g, h, k = 2j - g - h\} = g^2\lambda' + h^2\lambda + k^2;$$

il est sous-entendu que, si la somme $g + h + k$ était impaire, on devrait multiplier g, h et k par le nombre 2.

On a calculé, d'après cette formule, la troisième partie du Tableau n° VI.

Les formes $\{110\}$, $\{101\}$, $\{011\}$ sont les formes dominantes du mode octaédral rectangle.

La combinaison de deux de ces formes suffit pour clore le cristal sous la figure d'un octaèdre droit à base rectangle, ce qui paraît être l'aspect le plus habituel des cristaux peu chargés de faces de ce mode cristallin.

Si les trois formes coexistaient, il se produirait un dodécaèdre rhomboïdal, analogue au dodécaèdre rhomboïdal du système terquaternaire, mais avec faces inégalement inclinées sur les axes.

Assez souvent celle des trois formes $\{110\}$, $\{101\}$, $\{011\}$, qui est parallèle à l'axe de paramètre maximum, se trouve exclue de la combinaison, et remplacée par celle des trois formes $\{100\}$, $\{010\}$, $\{001\}$ qui est normale à cet axe; d'où résulte un octaèdre à base rectangulaire, tronqué parallèlement à cette base.

Ainsi, dans le cuivre chloruré, où l'on a

$$a = 1, \quad b = 0{,}882, \quad d = 1{,}317,$$

le cristal est souvent une combinaison des trois formes $\{101\}$, $\{011\}$, $\{001\}$, qui sont, avec $\{110\}$, les formes les plus fréquentes de cette espèce minérale.

Outre le cuivre chloruré, on doit citer comme appartenant à ce mode, le cuivre phosphaté, le cuivre arséniaté octaédral, et peut-être aussi l'arragonite.

Système terbinaire, mode octaédral rhombique.

Ce dernier mode du système terbinaire dérive du mode hexaédral à base rectangle, par le centrage des six faces de ses prismes générateurs.

On traitera les équations (93) et (94) de la même manière que lorsqu'il s'est agi du mode terquaternaire octaédral; on remplacera $\Sigma^2(ghk)$ par sa valeur tirée de l'équation (116), et, après avoir multiplié les seconds membres par 16, on trouvera

$$(120) \qquad \Sigma_j^2(g,\, h = 2j - g,\; k = 2j' - g) = g^2\lambda + h^2\lambda' + k^2.$$

Dans le cas où l'une quelconque des deux équations de condition

$$h = 2j - g, \quad k = 2j' - g,$$

ne serait pas satisfaite, on multiplierait g, h et k par le nombre 2.

On trouvera les aires des parallélogrammes générateurs des principales formes de ce mode inscrites dans le dernier quadrant du Tableau n° VI; elles sont calculées par la formule (120).

La forme dominante est $\{111\}$; elle peut à elle seule clore le cristal, et lui donner la forme d'un octaèdre droit à base rhombe, quel que soit celui des trois axes que l'on place dans la position verticale.

Cet octaèdre pourra être tronqué sur 2, 4 ou 6 de ses sommets par les formes $\{100\}$, $\{010\}$, $\{001\}$. Lorsqu'il existera quatre troncatures pareilles, et que les faces de troncature se rencontreront, le cristal offrira l'aspect d'un prisme rectangulaire surmonté par des pointements à quatre faces qui alterneront avec les faces du prisme.

La forme $\{111\}$ suffit à la détermination des rapports des paramètres a, b, d.

Le soufre natif, le silicate de magnésie hydraté (villarsite de M. Dufrénoy), la fluélite et la scorodite (*) paraissent appartenir à ce mode cristallin.

(*) En adoptant pour les paramètres des axes de la scorodite les valeurs

$$a = 1, \quad b = 0{,}869, \quad d = 0{,}958,$$

on trouve pour ses principales formes les symboles $\{111\}$, $\{100\}$, $\{010\}$, $\{110\}$, $\{210\}$, $\{021\}$ et $\{112\}$; ces formes sont rangées suivant l'ordre de leurs densités réticulaires décroissantes.

Système binaire, mode hexaédral.

L'axe binaire est pris pour axe des z et placé verticalement; son paramètre est égal à d. Les deux Rangées conjuguées OG, OH (*fig.* 1), parallèles à deux des côtés du triangle principal OGI′ du Réseau normal à l'axe binaire, sont prises pour axes des x et des y, et sont assemblées entre elles de manière à former un angle obtus; la Rangée diagonale OI est prise pour axe auxiliaire; les paramètres de ces axes sont

$$a = \mathrm{OG}, \quad b = \mathrm{OH}, \quad c = \mathrm{OI},$$

et satisfont aux conditions exprimées par la formule (20). Les notations sont à quatre caractéristiques. On a alors, en posant dans l'équation (71)

$$\text{(121)} \qquad \operatorname{tang}^2 \mathrm{U} = \lambda, \quad \operatorname{tang}^2 \mathrm{V} = \lambda', \quad \operatorname{tang}^2 \mathrm{W} = \lambda'',$$

$$\text{(122)} \qquad \mathrm{S}^2 (ghik) = (-hi\lambda - gi\lambda' - gh\lambda'' + k^2)\, \mathrm{S}^2 (0001);$$

changeant S^2 en Σ^2 et supprimant le facteur Σ^2 (0001), on trouve

$$\text{(123)} \qquad \Sigma^2 (ghik) = -hi\lambda - gi\lambda' - gh\lambda'' + k^2 :$$

les nombres λ, λ', λ'' sont assujettis à l'inégalité $\lambda < \lambda' < \lambda''$.

On commencera par la détermination des rapports des trois paramètres a, b, c. Pour cela, on observera les formes dominantes dans la zone verticale dont le symbole général est $\{gh i 0\}$, et qui a l'axe binaire du système pour son axe de zone.

Ces formes peuvent se diviser en trois groupes :

1°. Les formes $\{01\bar{1}0\}$, $\{10\bar{1}0\}$, $\{1\bar{1}00\}$;

2°. Les formes $\{2\bar{1}\bar{1}0\}$, $\{1\bar{2}10\}$, $\{11\bar{2}0\}$;

3°. Les formes de position indéterminée $\{ghi0\}$.

On aura

$$\Sigma^2 \{01\bar{1}0\} = \lambda, \quad \Sigma^2 \{10\bar{1}0\} = \lambda', \quad \Sigma^2 \{1\bar{1}00\} = \lambda'',$$

$$\Sigma^2 \{2\bar{1}\bar{1}0\} = -\lambda + 2\lambda' + 2\lambda'', \; \Sigma^2 \{1\bar{2}10\} = 2\lambda - \lambda' + 2\lambda'', \; \Sigma^2 \{11\bar{2}0\} = 2\lambda + 2\lambda' - \lambda'';$$

il importe de remarquer que λ, λ', λ'' sont proportionnels à $\overline{\mathrm{OG}}^2$, $\overline{\mathrm{OH}}^2$, $\overline{\mathrm{OI}}^2$

(*fig.* 1), et, comme le triangle OGI′ est le triangle principal du Réseau, on a

$$\lambda < \lambda' + \lambda'', \quad \lambda' < \lambda + \lambda'', \quad \lambda'' < \lambda + \lambda'.$$

Ainsi les trois formes $\{10\bar{1}0\}$, $\{1\bar{1}00\}$, $\{01\bar{1}0\}$ sont les formes dominantes de la zone. De leur combinaison résulte un prisme hexaèdre irrégulier, parallèle à l'axe binaire. Les suppléments des angles dièdres des faces contiguës deux à deux sont les angles O, G, I′ du triangle principal OGI′; les rapports de leurs sinus donneront les rapports des paramètres

$$a : b : c.$$

Après avoir résolu cette première partie du problème, il faudra chercher le paramètre d; pour cela, on observera les pointements ou biseaux qui terminent le cristal vers chacune des extrémités de l'axe binaire. Les formes dominantes seront encore ici des formes parallèles aux axes coordonnés, et ayant pour symboles $\{o h\bar{h} k\}$, $\{g o \bar{g} k\}$, $\{g \bar{g} o k\}$. Les principales seront $\{01\bar{1}1\}$, $\{10\bar{1}1\}$, $\{1\bar{1}01\}$; dans le cas où ces trois formes sont librement développées, elles forment vers chacun des deux sommets du cristal un pointement à six faces surmontant le prisme hexaèdre irrégulier $\{01\bar{1}0\}$, $\{10\bar{1}0\}$, $\{1\bar{1}00\}$.

Après avoir mesuré l'inclinaison de ces faces sur $\{0001\}$ qui est la base supérieure du cristal, on déterminera d au moyen de la formule (49).

Je prendrai comme exemple l'épidote, décrit dans le tome III de la *Minéralogie* de M. Dufrénoy et figuré à la *Pl. CLIV*, *fig.* 54, de l'Atlas de cet ouvrage.

La face M est la face de symbole $(01\bar{1}0)$, parallèle à l'axe des x;

La face g^1 est la face $(10\bar{1}0)$, parallèle à l'axe des y;

La face T est la face $(1\bar{1}00)$, parallèle à l'axe auxiliaire.

L'observation donne

$$\text{Inclinaison de T sur } g^1 = 129^\circ\, 39',$$
$$\text{Inclinaison de T sur M} = 115^\circ\, 41',$$
$$\text{Inclinaison de M sur } g^1 = 114^\circ\, 40'.$$

Suivant la méthode exposée à la page 45, prenons pour unité le diamètre du cercle circonscrit au triangle principal du Réseau du plan $z=0$: alors a, b, c seront égaux aux sinus des angles opposés, et nous aurons

$$a = \sin 129^\circ 39' = 0,7700,$$

$$b = \sin 115^\circ 41' = 0,9012,$$

$$c = \sin 114^\circ 40' = 0,9087,$$

$$S(0001) = ab \sin(\widehat{x,y}) = abc = 0,6306.$$

Nous aurons ensuite

face P (figure citée) $= (0001)$,

face $c^1 = (01\bar{1}1)$, c^1 sur $P = U = 148^\circ 37'$,

face $e^1 = (10\bar{1}1)$, e^1 sur $P = V = 145^\circ 6'$,

face $b^1 = (1\bar{1}01)$, b^1 sur $P = W = 145^\circ 3'$.

Nous en conclurons, par les formules (45) et (49),

$$d = -abc\frac{\operatorname{tang} U}{a} = 0,500,$$

$$d = -abc\frac{\operatorname{tang} V}{b} = 0,488,$$

$$d = -abc\frac{\operatorname{tang} W}{c} = 0,485,$$

et, en prenant la moyenne arithmétique de ces valeurs,

$$d = 0,491.$$

En déterminant alors λ, λ', λ'' par les formules (121), nous trouverons

$$\lambda = 0,359, \quad \lambda' = 0,492, \quad \lambda'' = 0,501.$$

Si l'on calcule avec ces nombres et la formule (123) les aires des parallélogrammes générateurs des formes que produit la cristallisation de l'épidote, si l'on range ces formes d'après les valeurs croissantes de ces aires, et si l'on compare la série ainsi obtenue avec celle qui exprime leur fréquence relative, on trouvera une concordance très-satisfaisante entre ces deux séries.

Système binaire, mode octaédral.

Ce mode dérive du précédent (*) en centrant les rectangles des faces parallèles à la forme $\{01\bar{1}0\}$, ou à la forme $\{10\bar{1}0\}$, ou à la forme $\{1\bar{1}00\}$. L'axe binaire est pris pour axe des z. Nous avons, sur le plan des xy, trois axes coordonnés, l'axe des x, l'axe des y et l'axe auxiliaire, prolongement de la résultante géométrique des deux autres axes.

Je supposerai que l'on ait centré les faces parallèles aux xz.

Dans l'équation (86), changez S^2 en Σ^2, ajoutez la quatrième caractéristique i, remplacez $\Sigma^2(ghik)$ par sa valeur tirée de l'équation (123), enfin multipliez le second membre par 4; vous aurez

$$(124)\qquad \Sigma^2_{xz}(g, h, i, k = 2j - g) = -hi\lambda - gi\lambda' - gh\lambda'' + k^2.$$

Dans le cas où la relation

$$k = 2j - g$$

n'aurait pas lieu, on multiplierait g, h, i, k par le nombre 2, et cette convention dispenserait de recourir à l'équation (85).

Si l'on avait centré les faces verticales parallèles au plan des yz, on aurait eu de même

$$(125)\qquad \Sigma^2_{yz}(g, h, i, k = 2j - h) = -hi\lambda - gi\lambda' - gh\lambda'' + k^2.$$

Enfin, si l'on avait centré les faces verticales parallèles à l'axe auxiliaire, en appelant toujours t (*voyez* page 19) les ordonnées parallèles à cet axe, on aurait eu

$$(126)\qquad \Sigma^2_{tz}(g, h, i, k = 2j - i) = -hi\lambda - gi\lambda' - gh\lambda'' + k^2.$$

Mais revenons à l'équation (124) et au cas d'un centrage parallèle aux xz. Dans la zone verticale des faces désignées par le symbole $\{ghio\}$ où les caractéristiques g, h et i sont considérées comme variables, on a

$$\Sigma^2\{01\bar{1}0\} = \lambda,\quad \Sigma^2\{10\bar{1}0\} = 4\lambda',\quad \Sigma^2\{1\bar{1}00\} = 4\lambda'',$$
$$\Sigma^2\{2\bar{1}\bar{1}0\} = -\lambda + 2\lambda' + 2\lambda'',$$
$$\Sigma^2\{11\bar{2}0\} = 8\lambda + 8\lambda' - 4\lambda'',\quad \Sigma^2\{1\bar{2}10\} = 8\lambda - 4\lambda' + 8\lambda''.$$

(*) Mémoire sur les Systèmes de points, page 97.

Dans la série des formes normales ou obliques à l'axe binaire, et pour lesquelles la caractéristique k est égale à 1, on a

$$\Sigma^2 \{0001\} = 4,$$

$$\Sigma^2 \{10\bar{1}1\} = \lambda' + 1, \qquad \Sigma^2 \{1\bar{1}01\} = \lambda'' + 1,$$

$$\Sigma^2 \{01\bar{1}1\} = 4\lambda + 4,$$

$$\Sigma^2 \{11\bar{2}1\} = 2\lambda + 2\lambda' - \lambda'' + 1, \quad \Sigma^2 \{\bar{1}211\} = 2\lambda - \lambda' + 2\lambda'' + 1,$$

$$\Sigma^2 \{2\bar{1}\bar{1}1\} = -4\lambda + 8\lambda' + 8\lambda'' + 4.$$

On voit que le cristal sera une combinaison de la forme verticale $\{01\bar{1}0\}$ avec les formes obliques $\{10\bar{1}1\}$, $\{1\bar{1}01\}$; que la forme verticale $\{2\bar{1}\bar{1}0\}$ naîtra sur l'arête qui sépare les faces $(10\bar{1}0)$, $(1\bar{1}00)$ et tendra à les faire disparaître; enfin, que les formes dominantes dans les pointements qui termineront les deux extrémités de l'axe des z seront en général alternes avec les formes qui domineront dans la zone parallèle à l'axe binaire. Cette alternance produira tout autour de l'axe binaire des endentements de faces, et des arêtes de rencontre obliques au plan de symétrie du cristal, tandis que, dans le mode hexaédral, les arêtes de rencontre sont ordinairement parallèles au plan de symétrie et par conséquent horizontales; c'est là un des meilleurs caractères pour reconnaître, souvent à première vue et avant tout calcul, auquel des deux modes du système binaire appartient le cristal.

Le cristal le plus simple possible est celui produit par la combinaison de $\{01\bar{1}0\}$ avec celle des deux formes $\{10\bar{1}1\}$, $\{1\bar{1}01\}$ dont l'aire du parallélogramme générateur est la plus petite, soit la forme $\{10\bar{1}1\}$; c'est un prisme dont l'axe géométrique est horizontal, qui a pour bases deux rhombes verticaux, et pour faces latérales quatre parallélogrammes parallèles au côté moyen du triangle principal du Réseau du plan des xy. On y reconnaît facilement le prisme rhomboïdal oblique des minéralogistes, placé dans une position qui diffère de 90 degrés de celle qu'on lui assigne habituellement.

L'ordre de prédominance des formes ne sera plus le même, si l'on centre les faces $(1\bar{1}00)$ parallèles à l'axe auxiliaire. On a alors, en se bornant aux formes les plus simples,

$$\Sigma^2(01\bar{1}0) = 4\lambda, \quad \Sigma^2(10\bar{1}0) = 4\lambda', \quad \Sigma^2(\bar{1}100) = \lambda'',$$
$$\Sigma^2(11\bar{2}0) = 2\lambda + 2\lambda' - \lambda'',$$
$$\Sigma^2(0001) = 4,$$
$$\Sigma^2(01\bar{1}1) = \lambda + 1, \quad \Sigma^2(10\bar{1}1) = \lambda' + 1, \quad \Sigma^2(1\bar{1}01) = 4\lambda'' + 4.$$

Les formes $\{01\bar{1}1\}$, $\{10\bar{1}1\}$ et $\{1\bar{1}00\}$ tendent à prédominer et à figurer un octaèdre droit ayant pour base un parallélogramme dont les deux angles aigus seront coupés par des plans normaux à cette base, et parallèles à la petite diagonale du parallélogramme ; il pourra même arriver que l'octaèdre se présente sans aucune troncature latérale.

Enfin, dans le cas où l'on centrerait les rectangles des faces $(10\bar{1}0)$ parallèles à l'axe des y, c'est-à-dire, à l'axe de paramètre moyen sur le plan des xy, on obtiendrait les valeurs suivantes :

$$\Sigma^2(01\bar{1}0) = 4\lambda, \quad \Sigma^2(10\bar{1}0) = \lambda', \quad \Sigma^2(1\bar{1}00) = 4\lambda'',$$
$$\Sigma^2(1\bar{2}10) = 2\lambda - \lambda' + 2\lambda'',$$
$$\Sigma^2(0001) = 4,$$
$$\Sigma^2(01\bar{1}1) = \lambda + 1, \quad \Sigma^2(10\bar{1}1) = 4\lambda' + 4, \quad \Sigma^2(\bar{1}101) = \lambda'' + 1 :$$

dans ce cas, l'aspect extérieur se rapprochera soit de celui des cristaux où le prisme rhomboïdal oblique domine, soit de celui des cristaux dans lequel c'est l'octaèdre droit à base parallélogrammique, selon que la valeur de λ' sera plus rapprochée de celle de λ, ou de celle de λ''.

Les paramètres a, b, c, d se détermineront de même que dans les cristaux du mode hexaédral, comme si deux des quatre faces latérales du parallélipipède générateur n'avaient point été centrées.

Les espèces cristallines que je crois pouvoir signaler à l'attention des minéralogistes comme devant se rapporter au mode binaire octaédral sont l'orthose, la chaux sulfatée, l'amphibole, l'euclase, etc. L'amphibole et l'euclase paraissent offrir les indices du centrage sur le plan $(1\bar{1}00)$; j'ai expliqué dans mon Mémoire sur les Systèmes de points que ce cas a lieu lorsque le Réseau du plan $z=\frac{1}{2}$ se projette sur les milieux des paramètres formant les grands côtés des triangles principaux du Réseau du plan $z=0$.

Système asymétrique.

Il est difficile, à cause du grand nombre des paramètres, d'obtenir une détermination bien certaine de la forme primitive.

On choisira les quatre faces non parallèles qu'indique soit le clivage, soit une plus grande fréquence relative, et on les considérera comme formant le tétraèdre principal de l'Assemblage formé par les molécules du cristal, ou du moins l'un de ses tétraèdres élémentaires les plus simples.

Des quatre faces qui forment ce tétraèdre, les trois qui embrassent entre elles l'angle solide le moins aigu, c'est-à-dire celui où la somme des angles dièdres est la plus grande, recevront les symboles (001), (010), (100), et la quatrième, le symbole (111). Alors on déterminera facilement les paramètres du système au moyen des six angles dièdres de ces faces. On aura, en effet,

$$\mu=\left((010)\widehat{,}(001)\right),\quad \nu=\left((001)\widehat{,}(100)\right),\quad \varpi=\left((010)\widehat{,}(100)\right);$$

et si l'on représente par μ_1, ν_1, ϖ_1 les angles

$$\left((111)\widehat{,}(100)\right),\quad \left((111)\widehat{,}(010)\right),\quad \left((111)\widehat{,}(001)\right),$$

il sera facile de passer des angles dièdres aux angles plans par les règles de la trigonométrie sphérique, et de déduire de ces derniers le rapport $a:b:d$.

Toutes les faces recevront des notations symboliques dépendantes du système d'axes que l'on aura adopté. On calculera les aires de leurs parallélogrammes générateurs par la formule (69), et, si l'accord entre la fréquence théorique et la fréquence naturelle des différentes faces n'était pas jugé satisfaisant, on effectuerait les changements d'axes ou de paramètres nécessaires pour rétablir le parallélisme que la théorie indique.

Je ferai remarquer de nouveau que ce parallélisme ne saurait être toujours rigoureusement exact. Il est évident que la densité réticulaire n'est pas le seul élément qui exerce de l'influence sur la formation d'une face, dans l'acte de la cristallisation, même sans qu'il soit nécessaire de recourir aux forces étrangères qui peuvent être mises en jeu. Le mode d'alternance des deux

Réseaux limitrophes qui bordent une strate peut agir de son côté; car, si l'on projette ces Réseaux orthogonalement l'un sur l'autre, le Réseau fixe et le Réseau projeté pourront, dans certains cas, être presque confondus; dans d'autres cas, les Sommets des parallélogrammes de l'un d'eux pourront être voisins des centres des parallélogrammes de l'autre. Ces différences, celles qui peuvent résulter des variations de forme du triangle principal, à égalité d'aire de ces triangles, et surtout celles qui sont dues à la forme du polyèdre moléculaire, à la direction de ses axes de principale attraction ou de principale répulsion, sont autant de causes qui doivent altérer, dans de certaines limites, la loi d'établissement des faces suivant la raison directe de la densité de leur tissu réticulaire.

Il pourra même arriver que ces actions favorisent toute une série de formes au détriment d'une autre série, ce qui altérera d'une manière encore plus grave les résultats déduits de notre hypothèse fondamentale. Malgré ces restrictions, je ne doute pas que cette hypothèse ne puisse rendre des services réels à la cristallographie et à la physique moléculaire. Mon but aura été atteint, si je parviens à engager les minéralogistes à soumettre un certain nombre d'espèces convenablement étudiées au calcul comparatif de la densité réticulaire de leurs faces, et de la tendance de ces mêmes faces à se produire dans l'acte de la cristallisation.

DEUXIÈME PARTIE (*).

DU CRISTAL CONSIDÉRÉ COMME UN ASSEMBLAGE DE MOLÉCULES POLYATOMIQUES.

---

§ I. — *De la symétrie des molécules des corps cristallisés.*

Dans les recherches qui précèdent, nous nous sommes exclusivement occupés de l'arrangement relatif des centres de gravité des molécules des corps cristallisés, arrangement qui constitue la *structure cristalline* proprement dite. Nous abordons maintenant une question plus délicate, celle de la *structure moléculaire,* et par là nous entendons la disposition géométrique des éléments qui constituent la molécule autour de son centre de gravité.

Les signes extérieurs capables de trahir au dehors la structure de la molécule, si elle est composée, ou du moins sa forme, si elle est simple, ne peuvent être que le résultat des forces attractives ou répulsives exercées par la molécule suivant différentes directions. Si ces forces allaient en s'irradiant sphériquement à partir du centre, si elles étaient les mêmes pour une distance donnée suivant toutes les directions, si en un mot tout était semblable autour de ce centre, la molécule agirait comme étant sphérique, ou, mieux encore, comme un simple point, pôle de forces; sa structure propre ne se traduirait par aucun phénomène sensible, et ne pourrait se déduire que de considérations théoriques, par exemple des lois atomistiques de la chimie.

Mais les choses ne se passent point ainsi; les forces émanées de la molécule ne sont pas les mêmes dans tous les sens; les réactions qui la sollicitent ne passent pas toujours par son centre de gravité, et les effets de ces inégalités permettent, lorsqu'on les étudie convenablement, de pénétrer dans son organisation intime.

Nous allons essayer de démontrer qu'une molécule possède divers centres ou pôles de forces. Ces pôles sont probablement les atomes constituants de

---

(*) Présentée à l'Académie des Sciences, le 6 août 1849. Le 24 février 1851, une Commission composée de MM. Dufrénoy, Regnault, Lamé et Cauchy rapporteur, a fait à l'Académie un Rapport favorable sur ce Mémoire.

la molécule; mais ce dernier point de vue, purement chimique, est jusqu'à un certain point étranger à la cristallographie, et je me bornerai à établir l'existence de la *polarité moléculaire,* indépendamment des conséquences que l'on pourrait ultérieurement en déduire.

En premier lieu, il résulte des travaux des géomètres, et notamment de MM. Poisson et Neumann, sur l'équilibre des corps cristallisés, que l'on ne peut expliquer la *rigidité* des corps solides, sans recourir à la polarité moléculaire. « Dans les corps solides, dit Poisson, la cause qui retient les « molécules sur les directions où elles sont plus ou moins resserrées ne peut « être que la partie de leur action qui dépend de leur forme et de leur « situation relatives.... Lorsque l'effet de cette force secondaire devient « insensible, le corps passe à l'état fluide »; et, ailleurs, « la parfaite mobi- « lité des molécules fluides résulte de ce qu'elles sont sphériques, ou assez « éloignées les unes des autres pour que leur forme n'ait aucune influence « sensible sur leur action mutuelle (*) ».

Telle est aussi l'opinion émise par Laplace, dans son *Exposition du Système du Monde*, 6e édit., tome II, page 350. « Il paraît que l'état solide « dépend de l'attraction des molécules combinées avec leur figure.... L'in- « fluence de la figure, sensible encore dans les liquides visqueux, est nulle « pour ceux qui jouissent d'une entière fluidité. »

En second lieu, la symétrie de la structure cristalline est une autre conséquence de l'influence qu'exerce la direction des forces moléculaires sur leur valeur absolue. Lorsqu'un corps passe lentement, et en cristallisant, de l'état fluide à l'état solide, chaque molécule vient à son tour se fixer sur la surface extérieure du cristal en voie de formation, au lieu qui convient à l'équilibre de son centre, et dans l'orientation convenable pour qu'aucun couple de rotation ne tende à la faire tourner autour de ce centre; l'adoption de tel ou tel système cristallin résulte de ces conditions d'équilibre, et ne paraît pouvoir s'expliquer, comme nous le dirons bientôt plus en détail, qu'en faisant intervenir la symétrie de la molécule: supposez sphérique cette dernière, et le choix du mode de cristallisation devient un effet dépourvu de cause suffisante qui puisse le produire.

(*) *Journal de l'École Polytechnique*, XXe cahier, pages 92 et 93.

Enfin, c'est la polarité moléculaire qui produit le phénomène connu, en cristallographie, sous le nom d'*hémiédrie,* comme M. Delafosse l'a indiqué le premier (*), et c'est ce que nous allons développer, en entrant dans les détails que nécessite l'importance du sujet.

Si l'on se reporte à la définition précédemment donnée (page 6) des *faces de même espèce* d'un cristal, on voit que, deux faces de même espèce étant en voie de formation autour du noyau placé au sein d'un milieu fluide convenablement constitué, tout sera semblable de part et d'autre pour chacune de ces faces, si les molécules sont de simples points matériels ou agissent comme de tels points. Le résultat nécessaire de cette manière de voir serait donc que des faces de même espèce devraient toujours coexister, sauf les cas d'avortement purement accidentel, et qu'ainsi toute forme cristalline devrait se produire sur les flancs du cristal avec le nombre complet de faces qui la caractérise.

C'est en effet ce qui a souvent lieu ; mais les choses ne se passent pas toujours de cette manière, et, dans des cas nombreux, une partie des faces disparaît, sans qu'on puisse expliquer ce fait par des causes accidentelles, par exemple au moyen d'une influence *à latere* exercée par le milieu ambiant. La disparition porte sur certaines faces placées d'une certaine manière, et ne se montre pas indistinctement sur toutes les formes cristallines. C'est ainsi que, dans le système terquaternaire, elle peut modifier la forme de l'octaèdre régulier, et le faire passer au tétraèdre régulier, tandis que rien de pareil n'a lieu pour le cube ou le dodécaèdre rhomboïdal.

Dans tous les cas de ce genre, la similitude absolue des faces d'une même forme paraît en défaut, ou du moins elle cesse d'entraîner la coexistence comme conséquence nécessaire.

Or il importe de remarquer que nous ne sommes arrivés à la loi de la coexistence qu'en considérant les molécules comme sphériques ; *cette hypothèse ne saurait donc être exacte.*

Les molécules des corps cristallisés seront donc pour nous dorénavant des polyèdres dont les sommets, distribués d'une manière quelconque autour du centre de gravité, seront les centres, ou pôles, des forces émanées de la molécule. Cette supposition a toute la généralité désirable ; car, si, par

(*) *Savants étrangers*, tome VIII, page 641.

exemple, l'on voulait faire de la molécule un solide fini et homogène, agissant par tous les points de sa surface ou de son volume, on pourrait toujours la supposer découpée en petits éléments agissant chacun comme si sa masse était concentrée en son centre de figure.

Toutes les molécules d'une même substance doivent être identiques et superposables. Dans la cristallisation, les lignes homologues de ces molécules deviennent parallèles, comme nous l'avons indiqué au commencement de la première partie de ce Mémoire ; ainsi l'orientation moléculaire est la même d'un bout à l'autre du cristal. La polarité moléculaire et la variabilité des forces avec la direction sont des conséquences de la figure polyédrale de la molécule et de la loi suivant laquelle les forces émanées de chaque sommet varient suivant la distance. Lorsque les intervalles de deux molécules deviennent suffisamment grands, l'influence des dimensions transversales de chacune d'elles va en s'affaiblissant, et elles tendent de plus en plus à agir comme de simples points ; mais les distances auxquelles elles viennent se placer en cristallisant sont nécessairement inférieures à la limite que nous venons d'indiquer. On voit ainsi pourquoi les actions mutuelles ne passent pas, en général, par les centres de gravité, et l'on comprend comment l'orientation parallèle des lignes homologues de deux molécules voisines, effet connexe à toute cristallisation, doit résulter des rotations que ces actions tendent à produire autour de leurs centres de gravité.

Après avoir établi l'existence des polyèdres moléculaires, nous allons prouver que ces polyèdres sont symétriques, et qu'ils possèdent, comme l'Assemblage cristallin sur les Sommets duquel ils viennent se fixer, des axes, centre ou plans de symétrie qui leur sont propres.

Je nomme centre de symétrie d'un polyèdre, un point central tel, qu'en le joignant à un sommet quelconque de ce polyèdre, et prolongeant la droite de jonction d'une quantité égale à elle-même, l'extrémité de cette droite soit aussi un sommet du polyèdre. Il est visible que, dans un polyèdre limité, il ne peut y avoir qu'un seul centre de symétrie, et qu'il coïncide nécessairement avec le centre de gravité.

Les axes de symétrie seront des droites assujetties à passer par le centre de gravité, et telles qu'en faisant tourner le polyèdre autour d'elles d'un angle égal à une partie aliquote de 360 degrés, le lieu apparent des sommets ne soit pas troublé par cette rotation. Ces axes peuvent être binaires, ternaires, quaternaires, etc., selon que la rotation qui restitue les lieux des sommets est égale à $\frac{1}{2}$, $\frac{1}{3}$, $\frac{1}{4}$,... de tour.

Enfin les plans de symétrie divisent le polyèdre en deux moitiés géométriquement symétriques, et doivent aussi contenir son centre de gravité.

Ceci posé, et pour fixer nos idées, considérons la molécule d'un cristal appartenant au système terquaternaire, dont la forme cristalline la plus générale consiste en quarante-huit faces de même espèce. Deux cas différents pourront se présenter : ou bien le polyèdre moléculaire possédera tous les éléments de symétrie de l'Assemblage correspondant, ou bien il n'en possédera qu'une partie.

Dans le premier cas, le polyèdre moléculaire aura trois axes quaternaires dirigés comme les axes quaternaires de l'Assemblage, quatre axes ternaires et six axes binaires coïncidant avec les axes de même nom de l'Assemblage; il possédera les neuf plans de symétrie qui le caractérisent, et un centre de symétrie en son centre de gravité.

Soient alors deux faces F, F′ provenant d'une même forme et directement semblables, et considérons la molécule M appartenant au plan réticulaire F, ainsi que la molécule M′ appartenant au plan réticulaire F′.

Transportons le plan F′ parallèlement à lui-même, de manière à amener M′ sur M; puis faisons tourner l'Assemblage mobile autour du centre de gravité commun de ces molécules coïncidentes, de sorte que le Réseau mobile de F′ vienne coïncider avec le Réseau fixe de F. Nous produirons cette superposition par une rotation angulaire de $\frac{p}{q}$ 360° autour d'un certain axe de symétrie L^q de l'Assemblage, q étant le numéro d'ordre de cet axe, et p un nombre entier plus petit que q. Or, par hypothèse, cet axe appartient aussi à la molécule M′; si donc cette molécule participe au mouvement de F′ et de l'Assemblage mobile, elle reprendra, après la rotation, la même position apparente, et recoïncidera avec M.

D'où l'on voit que, dans ce cas, tout est pareil entre les molécules du plan F d'une part et les molécules du plan F′ de l'autre, et qu'ainsi les deux faces F, F′ sont dans des conditions identiques de production comme faces limites du cristal.

Il en serait de même, si la face F′ était inversement semblable à la face F par rapport à un plan de symétrie P. Si le plan mené parallèlement à P par le centre de gravité de la molécule est un plan de symétrie du polyèdre moléculaire, F et F′ devront encore coexister.

Enfin, dans le cas où les faces F et F′ seraient inversement semblables par rapport à un centre de symétrie de l'Assemblage, c'est-à-dire, dans le cas où ces faces seraient parallèles, mais avec des côtés internes et externes tournés en sens inverses, nommons C (*fig.* 8) le centre de symétrie du système formé par ces deux faces, et p l'un des pôles de la molécule M dont le centre de gravité est en M; tout sera semblable entre la surface supérieure de F et la surface inférieure de F′, si p'_1 homologue de p par rapport à C est aussi un pôle de la molécule M′. Or, si l'on mène $M'p'$ égale et parallèle à Mp, p' doit être un pôle de M′ en vertu du parallélisme des molécules des cristaux; ainsi la coexistence des faces F, F′ dépend de celle des pôles p', p'_1, c'est-à-dire de cette condition que M′ soit un centre de symétrie pour la molécule M′. Si donc le polyèdre moléculaire possède un tel centre, la présence de F comme face limite de la moitié supérieure du cristal entraînera celle de sa parallèle F′ comme face limite dans sa moitié inférieure.

Il résulte de ce qui précède que, si l'on se borne à considérer les conditions de coexistence des vingt-quatre faces de la demi-forme directe (*voyez* les définitions de la page 10) dans le système terquaternaire, on reconnaîtra la nécessité de la présence des treize axes de symétrie du système dans le polyèdre moléculaire, et que la demi-forme inverse accompagnera la demi-forme directe, si le polyèdre moléculaire possède, en outre, un centre de symétrie.

Examinons maintenant le second cas, et supposons que l'axe L^q qui sert à effectuer la coïncidence de F′ avec F n'existe point, comme axe de symétrie, dans le polyèdre moléculaire. Lorsqu'une rotation égale à $\frac{p}{q}$ 360° aura superposé les deux Réseaux des faces F et F′, et que les centres de gravité de M et de M′ coïncideront, le polyèdre M′ aura cessé de coïncider avec M, puisque L^q n'est plus, par hypothèse, un axe de symétrie de ce polyèdre. Donc, si l'on considère F et F′ comme étant des faces qui limitent au même moment le cristal en voie de formation au sein de la masse fluide qui le produit, la situation de tous les pôles ou centres de forces au-dessus et au-dessous du plan F ne sera pas rigoureusement la même que celle des pôles homologues au-dessus et au-dessous du plan F′; les résultantes qui sollicitent une molécule encore libre et flottante à petite distance du plan F ne seront pas les mêmes que celles qui sollicitent une autre molécule semblablement placée par rapport au plan F′; ainsi la cristallisation pourra se comporter différemment sur les deux surfaces F, F′ qui séparent le cristal de son milieu générateur, et, par conséquent, une partie des faces de la forme pourra ne pas se produire.

Si le polyèdre, possédant d'ailleurs les treize axes du système terquaternaire, était dépourvu de centre de symétrie, les vingt-quatre faces de la demi-forme inverse pourraient disparaître, et la demi-forme directe se produirait seule.

On a désigné sous le nom de *cristaux holoédriques* ceux dont les formes obliques sont toujours complètes, possédant quarante-huit faces dans le système terquaternaire, vingt-quatre dans le système sénaire, seize dans le quaternaire, et ainsi de suite. D'où l'on voit, en généralisant, que :

Dans tous les cristaux holoédriques, le polyèdre moléculaire possède les mêmes axes et plans de symétrie que l'Assemblage, et un centre de symétrie en son centre de figure (*).

On a désigné sous le nom de *cristaux hémiédriques, tétartoédriques,* ceux pour lesquels le nombre des faces de la forme oblique se réduit à la moitié ou au quart de sa valeur : plus généralement encore, nous désignerons ces cristaux sous le nom de *cristaux mériédriques*. L'on voit donc que :

Pour tous les cristaux mériédriques, une partie des axes, centre ou plans de symétrie de l'Assemblage ne se rencontre pas dans leur polyèdre moléculaire.

Par une observation convenable de ces cristaux, on peut toujours reconnaître les axes et plans qui font ainsi défaut, et décomposer les éléments de la symétrie de l'Assemblage en deux groupes, dont l'un, commun à la fois à l'Assemblage et à la molécule, rend compte de la présence simultanée d'un

---

(*) Les conditions énoncées dans ce théorème sont surabondantes, et de ces trois sortes d'éléments, les axes, les plans et le centre, deux suffisent pour entraîner la présence de la troisième.

certain nombre de faces de la même forme, et dont l'autre, venant à manquer dans la molécule, explique la suppression des faces disparues.

Toutes les fois que la superposition des Réseaux de deux faces de même espèce entraînera la coïncidence complète des polyèdres moléculaires, ces faces seront dites, non-seulement faces de même espèce, mais de plus *identiques,* conformément aux définitions de la page 6; dans le cas contraire, les faces seront de même espèce, mais non identiques.

D'après cela, la loi dite « loi de symétrie » qui règle le mode de distribution des faces d'un cristal devra s'énoncer de la manière suivante :

Toutes les faces appartenant à une même forme cristalline, et de plus identiques, doivent coexister.

Nous allons maintenant considérer un polyèdre moléculaire dont nous ferons varier le degré de symétrie. Dans le principe, ce polyèdre sera censé posséder la symétrie complète qui caractérise son Assemblage; puis, par la suppression de certains axes ou plans de symétrie, on abaissera graduellement celle-ci, et l'on fera naître des cristaux mériédriques, dans lesquels les groupes de faces identiques deviendront de moins en moins complexes, sans toutefois que les situations relatives soient altérées. Il semble, au premier abord, qu'il n'y a pas dans la nature de limite à cette diminution progressive de la symétrie de la molécule pour un système cristallin donné, et qu'on doit en rencontrer tous les cas possibles dans les différentes espèces minérales. Mais l'observation prouve qu'il n'en est pas ainsi; les polyèdres moléculaires pauvres en éléments de symétrie ne s'associent pas en Assemblages cristallins dont la symétrie soit très-élevée, et l'on peut dire, en thèse générale et malgré un très-petit nombre d'exceptions, que l'on ne voit pas les formes et combinaisons de formes des systèmes cristallins les moins symétriques présenter les angles et inclinaisons caractéristiques des systèmes les plus symétriques.

D'où l'on déduit qu'il existe une limite à l'appauvrissement de la symétrie d'un polyèdre moléculaire qui cristallise dans un système donné, et que, si on lui enlève un nombre suffisant de ses termes, la symétrie de sa cristallisation s'abaissera, elle aussi, à un moindre degré; ce que l'on peut exprimer en disant que :

Les polyèdres à symétrie complexe cristallisent dans les systèmes à symétrie complexe, et ceux à symétrie simple, dans les systèmes à symétrie simple.

Une telle correspondance ne saurait être l'effet du hasard, et puisqu'à une structure moléculaire donnée correspond une structure cristalline qui s'y rapporte, il paraîtra bien probable que la symétrie moléculaire détermine celle de l'Assemblage cristallin.

On peut arriver au même résultat par des considérations théoriques, et en s'appuyant sur les conditions de l'équilibre des Assemblages cristallins. Nous prendrons pour exemple une agrégation de molécules holoédriques, à cristallisation commençante, et nous allons essayer de démontrer que la symétrie de la molécule tend à se transmettre à l'Assemblage qui va se former.

Considérons deux molécules voisines M, M', placées, l'une par rapport à l'autre, à une distance r suffisamment petite pour que l'influence de leurs dimensions transversales se fasse sentir de l'une à l'autre, et supposons qu'il existe un axe d'ordre q dans leurs polyèdres. Si ces deux molécules se placent bout à bout dans le prolongement de leurs axes L^q, et s'orientent de la même manière par rapport à l'espace extérieur, la résultante qui sollicite chacun des deux centres M, M' sera nécessairement dirigée suivant leur ligne de jonction; car toute action oblique se répéterait $q - 1$ fois autour de MM' qui est un axe de symétrie d'ordre q pour le groupe de ces deux molécules, et la résultante de ces q forces serait dirigée suivant MM'. Il en sera de même dans le cas d'une file rectiligne et illimitée de molécules M, M', M'',... semblablement orientées, si cette file est un axe de symétrie de ces molécules, et l'on conçoit qu'en faisant varier le commun intervalle r qui sépare ces molécules entre elles, on puisse trouver une disposition telle que la file se maintienne en équilibre. La stabilité de cet équilibre résultera de ce que, si l'une des molécules s'écarte de l'axe de la file, il se développera des composantes latérales tendant à l'y ramener.

De même que nous avons, en partant de la molécule M, et suivant la direction de l'axe L^q, ordonné une première Rangée de molécules, nous pourrons, suivant les directions d'autres axes, former d'autres séries

$$M\mu\mu'\mu'', \quad M\mu_1\mu'_1\mu''_1, \text{ etc.}$$

Les molécules $\mu, \mu', \mu'', \ldots, \mu_1, \mu'_1, \mu''_1, \ldots$ deviendront à leur tour les têtes de colonne d'autant de Rangées parallèles à MM′M″.... Il est clair que ces nouvelles Rangées tendront à se disposer symétriquement autour de MM′, attendu que les forces contenues dans un plan mobile passant par la droite MM′ et tournant autour d'elle redeviennent les mêmes, chaque fois que l'angle de rotation de ce plan augmente de $\frac{360^\circ}{q}$, ce qui tend à faire de MM′ un axe de symétrie pour tout le système : ainsi la présence de ces nouvelles Rangées ne pourra exercer sur le centre de gravité de M aucune action oblique par rapport à MM′, puisque toute résultante de ce genre se répéterait $q - 1$ fois autour de cet axe, et donnerait lieu à une composante parallèle à sa direction.

On conçoit ainsi la possibilité de la stabilité d'un tel système, pour des espaces intermoléculaires convenablement choisis, et l'on voit qu'il y a plus de chances de rencontrer l'équilibre dans une telle disposition que dans toute autre, par suite de la réduction à zéro des composantes normales à l'axe considéré.

D'où il résulte, comme nous l'avions annoncé, qu'un axe de symétrie du polyèdre moléculaire tend à se transmettre, comme axe de symétrie de même ordre et semblablement placé, à l'Assemblage suivant lequel la cristallisation s'effectue.

Il en est de même pour les plans de symétrie de la molécule. Car, soit MP (*fig.* 9) un plan de symétrie supposé horizontal, et coupé suivant la droite MP par le plan vertical de la figure. Il est clair que les molécules très-voisines de ce plan tendent à y prendre leur position d'équilibre après avoir adopté une orientation commune ; car alors elles ne peuvent produire les unes sur les autres aucune action normale à ce plan. De plus, si l'on considère une file MM′M‴... déjà en état d'équilibre stable, sa symétrique MM″M^{IV}..., si elle existe, se trouvera pareillement en équilibre ; d'où l'on voit que, si une molécule encore flottante est très-voisine du lieu M^{IV} qu'occuperait la symétrique de M‴ par rapport au plan MP, elle devra tendre à venir prendre en M^{IV} sa position d'équilibre définitive ; et telle est la cause de la tendance du plan MP à devenir un plan de symétrie pour l'Assemblage.

On conçoit, d'après ce qui précède, comment la structure du polyèdre moléculaire réagit sur celle du cristal et détermine le choix du système. Si l'on rejetait cette explication, et si l'on voulait continuer à considérer les molécules comme des points ou des sphères, un tel choix, nous l'avons déjà dit à la page 95, nous paraîtrait comme étant un effet sans cause : ajoutons quelques développements à ce sujet.

On sait que tout Assemblage cristallin est caractérisé par les dimensions de son parallélipipède générateur, savoir, par trois paramètres linéaires a, b, d représentant les arêtes, et par trois paramètres angulaires α, β, δ représentant les angles plans. Cependant, dans la supposition des molécules sphériques, une combinaison quelconque de paramètres suffirait à l'équilibre des molécules centrales, puisque chacune d'elles est un centre de symétrie pour le système des molécules qui l'environnent, dans la sphère très-limitée des actions moléculaires. Par suite de cette indifférence de l'équilibre interne, la combinaison adoptée dépendrait uniquement des conditions d'équilibre des molécules de la surface, et serait ainsi sous l'influence des actions extérieures, de manière, par exemple, à produire l'échange des paramètres entre eux, lorsqu'on échangerait entre elles les forces extérieures parallèles à ces paramètres, ce qui mène à des conséquences évidemment contredites par l'observation.

En outre, et sauf le cas très-rare des cristaux du système asymétrique, certaines combinaisons d'égalité ou de perpendicularité des arêtes sont les seules que la nature réalise. Par exemple, dans le cas où l'on a $a = b = d$, on ne rencontre que les deux combinaisons suivantes :

1°. $\alpha = 90°$, $\beta = 90°$, $\delta = 90°$, qui correspond au cube ;

2°. $\alpha = \beta = \delta$, qui correspond au rhomboèdre.

Ce choix que fait la nature, et la préférence qu'elle accorde à certaines formes de parallélipipèdes générateurs, resteraient donc inexpliqués et troubleraient l'enseignement rationnel de la cristallographie, tant que l'on s'abstiendrait d'y reconnaître l'influence de la symétrie moléculaire.

En nous résumant, nous admettrons que le polyèdre moléculaire est symétrique, et que les éléments de sa symétrie, tendant à passer à l'Assemblage correspondant, en déterminent la structure.

A la vérité, on peut objecter que la difficulté d'expliquer l'état symétrique des Assemblages cristallins est simplement reculée, et qu'il reste à faire voir pourquoi le polyèdre moléculaire est symétrique. La théorie atomique fournit une réponse toute prête à cette dernière demande, en nous montrant chaque molécule d'un corps comme composée d'un nombre fini d'atomes de différentes espèces. Déjà, par des considérations d'un tout autre ordre, Ampère était arrivé, en 1814, à ce résultat, que le polyèdre moléculaire devait être formé d'atomes disposés symétriquement autour de son centre de gravité; l'équilibre interne de la molécule est facile à baser sur cette donnée.

Ici se présente une autre objection relative à la cristallisation des corps simples. Lorsque le carbone, le soufre, le bismuth cristallisent, devons-nous admettre que leur molécule est polyédrale? Je n'hésite pas à répondre par l'affirmative, et je pense qu'avant de cristalliser, les atomes de ces corps se trouvent déjà groupés de manière à former un polyèdre de forme déterminée.

Après avoir établi la loi de la symétrie du polyèdre moléculaire, nous avons maintenant: 1° à déduire de la symétrie donnée d'un tel polyèdre le système dans lequel il doit cristalliser; 2° à signaler les divers cas de mériédrie (hémiédrie, tétartoédrie) que pourra produire l'état incomplet de la symétrie de ce polyèdre; 3° à comparer les résultats théoriques ainsi obtenus avec les divers exemples de mériédrie observés par les minéralogistes.

Dans la dernière partie de ces Études, je rattacherai à la même théorie les phénomènes d'hémitropie et de pénétration de deux cristaux.

§ II. — *Du système cristallin suivant lequel doivent se grouper des molécules de symétrie connue.*

J'ai donné, dans le tome XIV du *Journal de Mathématiques pures et appliquées*, publié par M. Liouville, une classification complète des polyèdres au point de vue de leur symétrie. Elle se trouve résumée dans le Tableau n° VII que l'on trouvera à la fin de ce Mémoire.

Les symboles Λ, L, L′, C, Π, P, P′ qui y figurent sont ceux déjà employés dans mon travail sur les polyèdres de forme symétrique, ainsi que dans mon Mémoire sur les Systèmes de points, aux pages 93 et suivantes. Les lettres P, P′ dépourvues d'indice exponentiel désignent des plans de symétrie qui ne sont normaux à aucun des axes du polyèdre; les signes o L, o L^2, o C, o P indiquent que le polyèdre est privé d'axes, ou d'axes binaires, ou de centre de symétrie, ou de plans de symétrie.

Un axe est dit *principal* lorsque les autres axes lui sont normaux, et que de plus tout plan de symétrie lui est normal ou le renferme.

Dans les polyèdres des 4e, 5e,... classes, jusqu'à la 16e inclusivement, on peut donner à q toutes les valeurs entières possibles, depuis $q = 1$ jusqu'à $q = \infty$. Le numéro d'ordre de l'axe principal désigne alors l'ordre de la classe. Les 4e, 5e, 6e, 7e, 8e et 9e classes sont toutes d'ordre pair; les 10e, 11e, 12e, 13e, 14e, 15e et 16e sont, au contraire, toutes d'ordre impair.

Les polyèdres sphéroédriques sont ceux qui possèdent plusieurs axes dont aucun n'est un axe principal; ils se divisent en deux groupes, les quaterternaires et les décemternaires, selon que le nombre de leurs axes ternaires est égal à 4 ou à 10.

Dans les polyèdres des 17e, 18e et 19e classes, les axes $4L^3$ sont parallèles aux quatre diagonales d'un cube, les axes $3L^2$ aux arêtes de ce cube, les plans 6P aux plans qui joignent deux à deux les milieux des arêtes opposées.

Dans les polyèdres des 20e et 21e classes, les axes $4L^3$ sont parallèles aux quatre diagonales d'un cube, les axes $3L^4$ aux arêtes de ce cube, les axes $6L^2$ aux lignes qui joignent deux à deux les milieux des arêtes opposées.

Dans les polyèdres des 22e et 23e classes, les axes $6L^5$ sont parallèles aux lignes qui joignent deux à deux les centres des faces opposées d'un dodécaèdre régulier, les axes $10L^3$ aux dix grandes diagonales de ce polyèdre, et les axes $15L^2$ aux lignes qui joignent deux à deux les milieux des arêtes opposées.

Pour de plus amples détails, on peut consulter mon Mémoire sur les Polyèdres de forme symétrique (*).

Nous avons vu (page 103) que, lorsqu'une substance dont les polyèdres moléculaires sont doués d'une certaine symétrie vient à cristalliser, les axes et plans de la symétrie moléculaire tendent à passer dans l'Assemblage cristallin, en conservant leurs situations relatives. En conséquence, et pour déterminer la nature du système cristallographique, j'admettrai la règle suivante :

Parmi les sept systèmes cristallins, les molécules d'une substance donnée qui vient à cristalliser adopteront celui dont la symétrie offre le plus grand nombre d'éléments communs avec la symétrie propre à leur polyèdre moléculaire.

(*) *Journal de Mathématiques pures et appliquées,* tome XIV, page 141.

Croire que cette règle ne souffre jamais d'exception serait peut-être aller trop loin; mais elle doit évidemment s'appliquer à l'immense majorité des cas qui peuvent se présenter, et cela suffit pour l'usage que nous avons à en faire.

Avant de chercher à l'appliquer, je ferai remarquer que la considération du centre de symétrie est étrangère à la question actuelle, puisque ce centre figure également dans les symboles de symétrie de nos sept systèmes cristallins, et qu'il est l'une des conditions essentielles de tout Assemblage. Il nous reste donc seulement à tenir compte des axes et des plans de symétrie.

Les axes de symétrie d'un Assemblage sont nécessairement binaires, ternaires, quaternaires ou sénaires; ainsi les autres axes que pourrait posséder le polyèdre peuvent être regardés comme des lignes asymétriques, ou ne pouvant influer sur la symétrie de l'Assemblage, à moins cependant que le numéro d'ordre de leur symétrie ne soit un multiple des nombres 2, 3, 4 ou 6, auquel cas l'axe de symétrie du polyèdre, transporté dans l'Assemblage, y jouera le rôle d'un axe de l'un de ces ordres.

Notations et définitions. — Je désignerai par S_c l'ensemble des éléments de symétrie communs à la fois au polyèdre moléculaire et à son Assemblage cristallin; par S_p l'ensemble des éléments de symétrie appartenant en propre au polyèdre, et par S_a l'ensemble des éléments de symétrie de l'Assemblage qui ne se retrouvent pas dans le polyèdre. De la sorte, la symétrie complète du polyèdre pourra être représentée par le symbole

$$[S_c, S_p],$$

et la symétrie complète de l'Assemblage sera figurée par

$$[S_c, S_a].$$

Je désignerai sous le nom de *polyèdre équivalent au polyèdre donné,* celui dont la symétrie complète serait $[S_c]$; d'où l'on voit que le polyèdre équivalent n'est autre chose que le polyèdre primitif débarrassé de toutes ses conditions superflues de symétrie, c'est-à-dire de tous les éléments qui ne sont pas de nature à se transmettre à l'Assemblage dans lequel ils doivent cristalliser.

Il pourra arriver que plusieurs de nos sept systèmes cristallins possèdent à la fois la même partie S_c de la symétrie totale du polyèdre ; dans ce cas, la règle de la page 106 ne suffit plus pour déterminer le système cristallin. Je prendrai comme exemple le polyèdre moléculaire $[\Lambda^2, 2L^2, 0C, 2P]$ caractérisé par un axe principal binaire Λ^2, deux axes binaires de même espèce L^2 perpendiculaires l'un sur l'autre et sur l'axe principal, deux plans de symétrie passant par l'axe Λ^2 et inclinés de 45 degrés sur les axes L^2. La symétrie commune à ce polyèdre et au système quaternaire est $[\Lambda^2, 2L^2, 2P]$; la symétrie commune à ce polyèdre et au système terquaternaire est aussi $[\Lambda^2, 2L^2, 2P]$. Comment choisir entre ces deux systèmes ?

Dans ce cas, et dans tous les autres cas pareils, je remarque que nos deux systèmes cristallins diffèrent par le nombre des paramètres qu'ils laissent indéterminés dans le parallélipipède générateur. Sur les six quantités $a, \frac{b}{a}, \frac{d}{a}, \alpha, \beta, \delta$ (*voyez* page 104), le nombre des quantités déterminées est de

5 pour le système terquaternaire,
4 pour les systèmes sénaire, quaternaire et ternaire,
3 pour le système terbinaire,
2 pour le système binaire,
0 pour le système asymétrique.

Or, supposons que deux systèmes cristallins possèdent également la symétrie S_c du polyèdre moléculaire, mais que le nombre des paramètres déterminés soit égal à j pour l'un de ces systèmes et à $j' > j$ pour l'autre. Puisqu'il existe des Assemblages à j paramètres déterminés possédant la symétrie S_c du polyèdre, quelle que soit la valeur des $6 - j$ autres paramètres, il est clair qu'il n'existe aucune raison suffisante pour pouvoir assigner d'avance la valeur de $j' - j$ autres paramètres, et qu'il faut laisser aux forces moléculaires développées dans la cristallisation le soin d'en fixer la véritable valeur.

D'où l'on déduit cette deuxième règle que :

Dans le cas où plusieurs systèmes cristallins présenteraient les mêmes éléments de symétrie communs à leurs Assemblages et au polyèdre moléculaire donné, la cristallisation se fera suivant le système de moindre symétrie, c'est-à-dire suivant le système qui laisse le plus grand nombre de termes

indéterminés parmi les six éléments constitutifs de son parallélipipède générateur.

L'application de cette deuxième règle lève l'indécision que nous avions signalée, excepté pour quelques polyèdres, à axe principal ternaire, qui paraissent pouvoir cristalliser aussi bien dans le système sénaire que dans le système ternaire, et sur lesquels nous aurons plus tard l'occasion de revenir.

On peut énoncer simplement les deux règles que nous venons d'établir, en prescrivant de choisir le système cristallin *de telle sorte,* 1° *que* S_c *soit le plus grand possible,* 2° *que* S_a *soit ensuite rendu le plus petit possible.*

Ces règles vont nous servir de guide dans l'examen successif des vingt-trois classes de polyèdres que présente le Tableau n° VII.

Polyèdres des 1re *et* 2e *classes.* — Ces polyèdres doivent cristalliser dans le système asymétrique. On voit bien d'ailleurs qu'il n'existe aucune raison suffisante pour que des axes ou des plans de symétrie se produisent dans leur Assemblage.

Polyèdres de la 3e *classe.* — Ces polyèdres possèdent un plan de symétrie qui devra se transmettre à l'Assemblage. Celui-ci possédera de plus un centre de symétrie et un axe binaire normal à ce plan, et appartiendra au système binaire. Les équations suivantes donneront les symétries comparées du polyèdre et de l'Assemblage ; on aura,

$$\text{pour le polyèdre,} \quad S_c = [P], \quad S_p = 0,$$
$$\text{pour l'Assemblage,} \quad S_c = [\Pi], \quad S_a = [A^2, C].$$

Polyèdres des 4e, 5e, 6e, 7e, 8e *et* 9e *classes.* — Tous ces polyèdres possèdent un axe principal d'ordre $2q$. Il convient d'examiner séparément les trois cas,

$$2q = 12j \pm 2,$$
$$2q = 12j \pm 4,$$
$$2q = 6j,$$

j étant un nombre entier quelconque, pouvant être égal à zéro.

Premier cas, où $2q = 12j \pm 2$.

Le polyèdre $[A^{12j\pm 2}, 0L^2, 0C, 0P]$ possède un axe qui se comportera comme un axe binaire ; il cristallisera donc dans le système binaire $[A^2, C, \Pi]$, et l'on aura

$$S_c = [\Lambda^2].$$

Le polyèdre $[\Lambda^{12j\pm2}, o L^2, C, \Pi]$ est dans le même cas que le précédent; il cristallise dans le système binaire: la commune symétrie est $[\Lambda^2, C, \Pi]$. Le cristal formé sera holoédrique, puisque le polyèdre moléculaire possède tous les éléments de symétrie de son Assemblage.

Dans le polyèdre $[\Lambda^{12j\pm2}, (6j\pm1) L^2, (6j\pm1) L'^2, oC, oP]$, à chaque axe binaire L^2 correspond un axe binaire L'^2 d'une autre espèce, et qui lui est perpendiculaire (*); la cristallisation se fera dans le système terbinaire: on aura donc

$$S_c = [\Lambda^2, L^2, L'^2].$$

Dans le polyèdre $[\Lambda^{12j\pm2}, o L^2, oC, (6j\pm1) P, (6j\pm1) P']$, à chaque plan de symétrie P passant par l'axe principal, correspond un autre plan de symétrie P' qui lui est normal (**); la cristallisation se fera dans le système terbinaire, et l'on aura

$$S_c = [\Lambda^2, P, P'].$$

Dans le polyèdre

$$[\Lambda^{12j\pm2}, (6j\pm1) L^2, (6j\pm1) L'^2, C, \Pi, (6j\pm1) P^2, (6j\pm1) P'^2],$$

à chaque axe L^2 correspondent un axe L'^2 qui lui est normal, et des plans P^2, P'^2 normaux à ces axes. Ainsi le polyèdre contient tous les éléments de la symétrie terbinaire $[\Lambda^2, L^2, L'^2, C, \Pi, P^2, P'^2]$; le cristal sera holoédrique.

Enfin le polyèdre $[\Lambda^{12j\pm2}, (12j\pm2) L^2, oC, (12j\pm2) P]$ offre, pour chaque axe L^2, un axe de même espèce qui lui est normal, et deux plans de symétrie P qui forment avec lui des angles de 45 degrés. Car, si l'on nomme $(\widehat{L^2, L^2})$ l'angle de deux axes binaires, et $(\widehat{L^2, P})$ l'angle d'un axe binaire et d'un plan de symétrie, on a

$$(\widehat{L^2, L^2}) = (0, 1, 2\ldots, 12j\pm2-1)\frac{180^0}{12j\pm2},$$

$$(\widehat{L^2, P}) = \left(\frac{1}{2}, \frac{3}{2}, \frac{5}{2}\ldots, 12j\pm2-\frac{1}{2}\right)\frac{180^0}{12j\pm2}.$$

(*) *Journal de Mathématiques*, tome XIV, page 156.

(**) *Ibid.*, tome XIV, page 156.

En choisissant pour facteur dans le second membre de la première formule le nombre $6j \pm 1$, on trouve $(\widehat{L^2, L^2}) = 90°$.

En choisissant pour facteur dans le second membre de la deuxième formule le nombre $3j \pm \frac{1}{2}$, on trouve $(\widehat{L^2, P}) = 45°$.

D'où l'on voit qu'entre notre polyèdre et les Assemblages quaternaires nous avons la portion de symétrie commune

$$S_c = [\Lambda^2, 2L^2, 2P].$$

La portion de symétrie commune à notre polyèdre et au système terbinaire serait seulement $[\Lambda^2, L^2, L^2]$, symétrie moins étendue que la précédente. La cristallisation se fera donc suivant le système quaternaire.

Deuxième cas, où $2q = 12j \pm 4$.

Dans ce cas, la cristallisation s'effectue suivant le système quaternaire.

Lorsque les termes $(6j \pm 2)L^2$, $(6j \pm 2)L'^2$ figurent dans le symbole de la symétrie du polyèdre, on voit facilement qu'il existe deux axes L^2 perpendiculaires entre eux, et deux axes L'^2 qui sont les bissecteurs des angles droits formés par les axes précédents; alors $2L^2$, $2L'^2$ sont des éléments de symétrie communs au polyèdre et à son Assemblage.

Lorsque le polyèdre contient les plans de symétrie $(6j \pm 2)P, (6j \pm 2)P'$, on y découvrira de même le système $2P, 2P'$ consistant en deux plans normaux de même espèce, passant par l'axe quaternaire, et croisés sous l'inclinaison de 45 degrés avec deux plans normaux d'une autre espèce, système qui appartient à la symétrie des Assemblages quaternaires.

Lorsque le polyèdre aura pour symbole

$$[\Lambda^{12j \pm 4}, (12j \pm 4)L^2, 0C, (12j \pm 4)P],$$

il appartiendra encore au système quaternaire; mais la disposition relative des axes L^2 et des plans P ne permettra pas que ces deux éléments entrent en même temps dans l'expression de la symétrie commune au polyèdre et à l'Assemblage. On aura donc, ou bien

$$S_c = [\Lambda^2, 2L^2, 2L^2],$$

c'est-à-dire l'axe quaternaire avec quatre axes binaires se croisant à son pied sous des angles de 45 degrés, ou bien

$$S_c = [\Lambda^2, 2P, 2P],$$

c'est-à-dire l'axe quaternaire avec quatre plans de symétrie passant par cet axe, et faisant entre eux des angles de 45 degrés.

Les axes $2L^2$, $2L^2$ sont de même espèce dans le polyèdre, mais d'espèce différente dans l'Assemblage. Il en est de même pour les plans $2P$, $2P$.

On a ainsi deux solutions distinctes, paraissant *à priori* également possibles, entre lesquelles la substance donnée optera, suivant les autres conditions de son équilibre.

Troisième cas, où $2q = 6j$.

La cristallisation s'effectuera suivant le système sénaire. La discussion de ce cas serait pareille à celle du cas précédent. Les éléments de symétrie $3jL^2$, $3jL'^2$ se réduisent à $3L^2$, $3L'^2$ dans l'Assemblage sénaire ; de même $3jP$, $3jP'$ se réduisent à $3P$, $3P'$.

Le polyèdre $[\Lambda^{6j}, 6jL^2, oC, 6jP]$ est par rapport au système sénaire ce qu'était $[\Lambda^{12j\pm4}, (12j \pm 4)L^2, oC, (12j \pm 4)P]$ par rapport au système quaternaire : il conduit aux deux solutions

$$S_c = [\Lambda^6, 3L^2, 3L^2],$$
$$S_c = [\Lambda^6, 3P, 3P].$$

Dans le cas où j est pair, l'ordre de symétrie de l'axe principal est à la fois divisible par les nombres 3, 4 et 6 ; mais comme le système sénaire offre une commune symétrie plus élevée que celle qu'offriraient les systèmes quaternaire ou ternaire, on devra, d'après la règle de la page 106, se décider pour le système sénaire.

Polyèdres des 10e, 11e, 12e, 13e, 14e, 15e *et* 16e *classes.* — Tous ces polyèdres possèdent un axe principal d'ordre $2q+1$. Nous examinerons séparément les trois cas

$$2q+1 = 6j \pm 1,$$
$$2q+1 = 3,$$
$$2q+1 = 6j+3,$$

j étant un nombre entier quelconque, plus grand que zéro.

Premier cas, où $2q + 1 = 6j \pm 1$.

L'axe $A^{6j\pm 1}$ ne pouvant se transmettre à l'Assemblage, il est inutile d'y avoir égard.

Le polyèdre $[A^{6j\pm 1}, oL^2, oC, oP]$ se comportera donc comme un polyèdre de la 1re classe.

Le polyèdre $[A^{6j\pm 1}, oL^2, C, oP]$ se comportera comme un polyèdre de la 2e classe.

Le polyèdre $[A^{6j\pm 1}, (6j \pm 1) L^2, oC, oP]$ ne pourra transmettre à l'Assemblage qu'un seul de ses axes binaires; car, si deux axes binaires, faisant entre eux l'angle $p\,\frac{360^\circ}{6j \pm 1}$, p étant un nombre entier, venaient à passer dans l'Assemblage, la droite normale au plan de ces deux axes serait un axe commun dont le numéro d'ordre (*) serait $6j \pm 1$ ou l'un des sous-multiples de $6j \pm 1$, et par conséquent premier avec les nombres 2, 3, 4, 6, ce qui est impossible.

Le polyèdre cristallisera donc dans le système binaire.

De même le polyèdre $[A^{6j\pm 1}, oL^2, oC, (6j \pm 1) P]$ ne pourra transmettre à son Assemblage que l'un de ses plans de symétrie et se comportera comme un polyèdre de la 3e classe.

Il en sera encore de même pour le polyèdre $[A^{6j\pm 1}, oL^2, oC, \Pi]$, qui transmettra à l'Assemblage le plan de symétrie Π.

Dans le polyèdre $[A^{6j\pm 1}, (6j \pm 1) L^2, C, (6j \pm 1) P^2]$, les éléments de symétrie communs avec le système binaire seront $[L^2, C, P^2]$, et deviendront $[A^2, C, \Pi]$ dans l'Assemblage. La cristallisation sera binaire et holoédrique.

Le polyèdre $[A^{6j\pm 1}, (6j \pm 1) L^2, oC, \Pi, (6j \pm 1) P]$ pourra transmettre à l'Assemblage qui en dérive l'un de ses axes binaires L^2, le plan de symétrie P qui passe par cet axe L^2, et le plan Π normal à ce plan P et passant aussi par L^2. On aura donc,

$$\text{dans le polyèdre,} \quad S_c = [L^2, \Pi, P],$$

$$\text{dans l'Assemblage,} \quad S_c = [A^2, P, P'],$$

attendu que L^2 devient dans l'Assemblage l'axe principal du système; la

(*) En vertu des théorèmes XXIV et XXXII de mon Mémoire sur les polyèdres de figure symétrique (*Journal de Mathématiques*, tome XIV).

cristallisation se fera dans le système terbinaire dont le symbole est $[A^2, L^2, L'^2, C, \Pi, P^2, P'^2]$.

Deuxième cas, où $2q + 1 = 3$.

Les polyèdres $[A^3, oL^2, oC, oP]$,

$[A^3, oL^2, C, oP]$,

$[A^3, 3L^2, oC, oP]$,

$[A^3, oL^2, oC, 3P]$,

$[A^3, 3L^2, C, 3P^2]$,

ont leurs éléments de symétrie compris dans l'expression générale de la symétrie des Assemblages ternaires, et aussi dans l'expression générale de la symétrie des Assemblages sénaires. Or les deux systèmes ternaire et sénaire ont dans leurs parallélipipèdes générateurs le même nombre de paramètres indéterminés, de sorte que la règle de la page 108 ne peut suffire à lever cette indétermination. La substance cristallisante choisira entre ces deux systèmes, d'après les autres conditions de l'équilibre.

Du reste, l'indétermination actuelle qui se présente dans la cristallisation d'un polyèdre tel que $[A^3, oL^2, oC, oP]$, lorsque l'on veut savoir si ce polyèdre aura pour noyau un rhomboèdre ou un prisme hexagonal régulier, est tout à fait du même ordre, au point de vue mécanique, que celle qui se présente pour le polyèdre $[A^4, oL^2, oC, oP]$, lorsqu'on veut décider si ce polyèdre cristallisera dans le mode quaternaire octaédral, avec un octaèdre à base carrée pour noyau, ou dans le mode quaternaire hexaédral avec un prisme à base carrée pour parallélipipède générateur.

La même indécision ne subsiste plus pour les polyèdres ternaires des 12e et 16e classes. Car les polyèdres

$[A^3, oL^2, oC, \Pi]$,

$[A^3, 3L^2, oC, \Pi, 3P]$,

contiennent le plan de symétrie Π, lequel appartient aux Assemblages sénaires, mais non aux ternaires. La cristallisation se fera donc suivant le système sénaire, et l'on aura

pour le premier de ces polyèdres, $S_c = [\Lambda^3, \Pi]$,

pour le deuxième, $S_c = [\Lambda^3, 3L^2, \Pi, 3P]$.

Troisième cas, où $2q + 1 = 6j + 3$.

Ce cas ne diffère réellement pas du cas précédent, dont il n'a été séparé que pour en faciliter la discussion. L'axe principal Λ^{6j+3} se comportera comme s'il était simplement ternaire.

En outre, il est facile de s'assurer que, sur les $(6j + 3)$ axes binaires du symbole $(6j + 3) L^2$, il en existera toujours trois inclinés à 60 degrés l'un sur l'autre, et par conséquent placés dans les mêmes conditions de situation relative que les trois axes binaires $3L^2$ du polyèdre à axe ternaire et de même classe. Il en sera de même pour les plans de symétrie $(6j + 3) P$.

Tous ces polyèdres se comporteront donc comme le feraient des polyèdres d'ordre ternaire et de même classe.

Dans les 10e, 11e, 13e, 14e et 15e classes, on aura la double solution de la cristallisation indifféremment sénaire ou ternaire.

Dans les 12e et 16e classes, la cristallisation se fera suivant le système sénaire.

Polyèdres des 17e, 18e, 19e, 20e *et* 21e *classes.* — Tous ces polyèdres possèdent quatre axes ternaires, et trois autres axes, rectangulaires entre eux, dont la symétrie est tantôt binaire, tantôt quaternaire. Ces éléments de symétrie se retrouvent dans l'Assemblage terquaternaire; c'est donc dans ce système que leur cristallisation devra s'opérer. Les polyèdres de la 21e classe donneront lieu à des cristaux holoédriques; ceux des autres classes seront mériédriques.

Polyèdres des 22e *et* 23e *classes.* — J'ai montré dans mon Mémoire sur les polyèdres de forme symétrique (théorème LVIII) que les polyèdres $[6L^5, 10L^3, 15L^2, 0C, 0P]$ possédaient les axes de symétrie des polyèdres de la 17e classe, et que les polyèdres $[6L^5, 10L^3, 15L^2, C, 15P^2]$ possédaient la symétrie complète des polyèdres de la 18e classe; ces polyèdres cristalliseront donc dans le système terquaternaire, et l'on aura,

pour les polyèdres de la 22e classe, $S_c = [4L^3, 3L^2, 0C, 0P]$,

pour les polyèdres de la 23e classe, $S_c = [4L^3, 3L^2, C, 3P^2]$.

Si maintenant nous faisons le relevé méthodique des différents cas que nous venons de passer en revue, et si nous distribuons nos divers groupes de polyèdres parmi les sept systèmes cristallins, en rangeant sous l'en-tête de chaque système toutes les formes polyédrales qui s'y rapportent, nous obtiendrons une nouvelle classification des polyèdres moléculaires distribués suivant le mode de structure de leurs Assemblages cristallins. Le Tableau n° VIII offre le résultat de ce travail.

On a rapproché les uns des autres tous les genres de polyèdres dont le polyèdre équivalent offre la même symétrie. La deuxième colonne du Tableau exprime les éléments de symétrie du polyèdre équivalent, c'est-à-dire ceux de ces éléments qui se trouvent à la fois dans le polyèdre et dans l'Assemblage.

On remarquera que, si l'on compare le symbole de l'Assemblage et celui du polyèdre équivalent, les mêmes lettres y désignent toujours les mêmes éléments; mais, si l'on compare le symbole du polyèdre équivalent avec celui du polyèdre moléculaire, cette correspondance n'a pas toujours lieu. C'est ainsi que le polyèdre $[\Lambda^{6j\pm 1}, (6j\pm 1)\,L^2, 0C, \Pi, (6j\pm 1)\,P]$ a pour polyèdre équivalent $[\Lambda^2, 0L^2, 0C, P, P']$; les éléments L^2, Π, P du polyèdre donné, en se transmettant à l'Assemblage, s'y changent en Λ^2, P, P' et figurent, sous cette nouvelle forme, dans le deuxième symbole.

Toutes les fois qu'on a dû faire figurer dans la première colonne un polyèdre ayant un axe principal d'ordre indéterminé, mais appartenant à l'une des formes

$$6j, \quad 6j\pm 1, \ldots, \quad 12j\pm 2, \quad 12j\pm 4, \ldots,$$

où j est un nombre entier quelconque, on a ajouté immédiatement après, dans la même colonne, le symbole du polyèdre le plus simple de toute la série, c'est-à-dire du polyèdre correspondant à la valeur *minimum* du nombre j.

On remarquera que, dans les systèmes quaternaire et sénaire, la colonne intitulée « Symbole de la symétrie du polyèdre équivalent » contient quelques cas de doubles solutions. En voici l'explication.

On se rappelle que, dans le système quaternaire, il existe des axes binaires L^2 de première espèce, de paramètre égal à a, et des axes binaires L'^2 de deuxième espèce, de paramètre égal à $a\sqrt{2}$. Les plans de symétrie P^2, P'^2

normaux à ces axes sont aussi de deux espèces différentes. Lorsque le polyèdre moléculaire ne possède qu'une seule de ces deux espèces d'axes, rien n'indique d'avance si ceux-ci en se transmettant à l'Assemblage y deviendront des axes de première espèce et de paramètre a, ou des axes de deuxième espèce et de paramètre $a\sqrt{2}$. La symétrie S_c du polyèdre équivalent sera dénotée différemment, suivant l'un ou l'autre de ces deux cas. Ainsi le polyèdre moléculaire $[A^2, 2L^2, 0C, 2P]$ peut se placer par rapport à son Assemblage quaternaire de manière à ce que ses axes $2L^2$ se couchent, soit sur les deux axes binaires de première espèce, soit sur les deux axes binaires de deuxième espèce de l'Assemblage. Dans le premier cas, on aura

$$S_c = [A^2, 2L^2, 0C, 2P'^2],$$

et, dans le second cas,

$$S_c = [A^2, 2L'^2, 0C, 2P^2].$$

Dans tout Assemblage sénaire, il existe des axes binaires $3L^2$ qui sont de première espèce et de paramètre égal à a, et des axes binaires $3L'^2$ qui sont de deuxième espèce et de paramètre égal à $a\sqrt{3}$. Il en est de même pour les plans de symétrie normaux à ces axes. Lors donc que le polyèdre moléculaire ne possédera qu'une seule de ces deux espèces d'axes, ou une seule de ces deux espèces de plans, il y aura lieu à des doubles solutions, provenant de ce que les axes ou plans de symétrie de la molécule pourront coïncider tantôt avec les éléments de première espèce, tantôt avec les éléments de deuxième espèce de l'Assemblage.

Ces différences, qui tiennent à la nature des choses, doivent d'autant moins être passées sous silence, qu'elles peuvent se traduire au dehors par la prédominance de telles ou de telles formes cristallines.

Définitions. — Nous désignerons dorénavant sous le nom d'*axes communs, plans de symétrie communs* dans un Assemblage ceux qui appartiennent aussi au polyèdre moléculaire, et sous le nom d'*axes déficients, plans de symétrie déficients* d'un Assemblage ceux qui n'existent pas dans ce polyèdre.

Les doubles solutions que nous venons d'indiquer consisteront donc en ce que les axes ou plans de symétrie communs pourront être tantôt ceux de première espèce, et tantôt ceux de deuxième espèce.

§ III. — *De l'influence qu'exerce la symétrie du polyèdre moléculaire sur la figure des formes cristallines obliques.*

Lorsque le polyèdre moléculaire possède tous les éléments de symétrie de l'Assemblage, toutes les faces de même espèce sont identiques; par conséquent, le nombre des faces des formes cristallines n'éprouve aucune réduction, et le cristal est holoédrique.

Il n'en est pas de même dans le cas contraire. Je supposerai que le symbole de la symétrie de l'Assemblage soit

$$[QL^q, Q'L^{q'}, Q''L^{q''}, C, pP, p'P', p''P''],$$

tandis que la symétrie commune à l'Assemblage et au polyèdre moléculaire sera représentée par

$$S_c = [Q_1 L^{q_1}, Q'_1 L^{q'_1}, Q''_1 L^{q''_1}, cC, p_1 P, p'_1 P', p''_1 P''].$$

Je me bornerai dans ce paragraphe à considérer la réduction numérique qu'éprouve le système des faces homologues d'une face donnée (ghk), dans le cas où cette face sera oblique, c'est-à-dire n'offrira aucune particularité de position, n'étant ni parallèle ni normale à aucun des axes de symétrie du système. La forme complète ou holoédrique continuera à être désignée par $\{ghk\}$. La forme mériédrique le sera par le nouveau symbole $\mu\{ghk\}$.

Je vais examiner l'effet qu'exercera la symétrie déficiente du polyèdre moléculaire sur ces formes obliques, dans les cristaux mériédriques, et je discuterai le cas des formes restreintes dans le paragraphe suivant.

Puisque $[Q_1 L^{q_1}, Q'_1 L^{q'_1}, Q''_1 L^{q''_1}]$ représente, par hypothèse, le système des axes communs de l'Assemblage et du polyèdre, il est clair qu'à chaque face (ghk) correspondront $(q_1 - 1)$ faces directement semblables et identiques à (ghk), distribuées autour de chacun des axes de symétrie L^{q_1}, et par conséquent

$(q_1 - 1) Q_1$ faces homologues, par rapport aux axes $Q_1 L^{q_1}$,
$(q'_1 - 1) Q'_1$ faces homologues, par rapport aux axes $Q'_1 L^{q'_1}$,
$(q''_1 - 1) Q''_1$ faces homologues, par rapport aux axes $Q''_1 L^{q''_1}$;

ainsi l'on déterminera le nombre total des faces directement semblables et identiques, par la formule

$$1+(q_1-1)Q_1+(q'_1-1)Q'_1+(q''_1-1)Q''_1,$$

qui est l'analogue de celle déjà obtenue à la page 8 de ce Mémoire.

Si l'on compare ce nombre avec celui des faces directement semblables dans la forme holoédrique, représenté par

$$1+(q-1)Q+(q'-1)Q'+(q''-1)Q'',$$

on trouvera que leur rapport est celui de 1 à 2 ou de 1 à 4 (*), sauf dans le cas où l'on aurait

$$q_1=q,\quad q'_1=q',\quad q''_1=q'',$$
$$Q_1=Q,\quad Q'_1=Q',\quad Q''_1=Q'';$$

car alors ce rapport serait égal à l'unité.

Si donc l'on pose

$$\frac{1+(q_1-1)Q_1+(q'_1-1)Q''_1+(q''_1-1)Q''_1}{1+(q-1)Q+(q'-1)Q'+(q''-1)Q''}=\gamma',$$

γ' étant le rapport de ces nombres de faces, rapport susceptible des trois valeurs $1, \frac{1}{2}, \frac{1}{4}$, et si l'on continue à appeler N le nombre des faces de la forme oblique holoédrique $\{ghk\}$, donné par l'équation connue

$$N=2\{1+(q-1)Q+(q'-1)Q'+(q''-1)Q''\},$$

le nombre des faces directement semblables contenues dans la forme mérié-

(*) La comparaison de la deuxième colonne du Tableau n° VIII avec les symboles de symétrie des sept systèmes cristallins montre facilement que « tout polyèdre qui possède tous les axes binaires d'un Assemblage en possède aussi nécessairement les autres axes ; » il en résulte que, parmi les axes déficients, se trouvent toujours compris des axes binaires. Cela étant admis, soit x le nombre des faces directement semblables de la forme mériédrique ; si l'on fait tourner le système de ces faces autour de l'un des axes binaires de S_a, on obtient, en réunissant les nouvelles positions des faces aux anciennes, un système de $2x$ faces directement semblables, et qui seront identiques, relativement à un polyèdre moléculaire qui, outre les axes L^{q_1}, $L^{q'_1}$, $L^{q''_1}$, posséderait l'axe de rotation comme axe de symétrie binaire. Si ce nouveau polyèdre ne contient pas encore tous les axes binaires de l'Assemblage, soit $S_{a'}$ sa nouvelle symétrie déficiente, et faisons-le tourner autour de l'un des axes binaires de $S_{a'}$; on obtiendra un système de $4x$ faces, et ainsi de suite, jusqu'à ce que l'on arrive à un polyèdre qui possède tous les axes de symétrie du polyèdre holoédrique, et alors le nombre total des faces homologues ainsi obtenues sera $\frac{1}{2}N$; donc on doit avoir

$$\text{ou}\quad x=\tfrac{1}{2}N,$$
$$\text{ou}\quad 2x=\tfrac{1}{2}N,$$
$$\text{ou}\quad 4x=\tfrac{1}{2}N,\ \text{etc.}$$

drique $\mu\{ghk\}$ sera

$$\tfrac{1}{2}\mathrm{N}\gamma'.$$

Définitions. — Lorsque l'on aura $\gamma'=1$, le polyèdre sera dit *holoaxe;* il possédera tous les axes de symétrie de l'Assemblage.

Lorsque l'on aura $\gamma'=\frac{1}{2}$, le polyèdre sera dit *hémiaxe;* un polyèdre holoaxe pourvu d'un axe principal devient hémiaxe, lorsqu'il perd ses axes non principaux, ou lorsque le numéro d'ordre de son axe principal devient moitié moindre; un polyèdre sphéroédrique holoaxe devient hémiaxe, lorsque les numéros d'ordre de ses axes pairs deviennent moitié moindres. Il peut arriver que l'hémiaxie fasse disparaître les axes de symétrie; c'est ainsi que le polyèdre $[0\mathrm{L}, 0\mathrm{C}, \mathrm{P}]$ peut être considéré comme un polyèdre hémiaxe du système binaire $[\Lambda^2, \mathrm{C}, \Pi]$.

Lorsque l'on aura $\gamma'=\frac{1}{4}$, le polyèdre sera dit *tétartoaxe;* un polyèdre à axe principal et holoaxe devient tétartoaxe par la suppression de ses axes binaires et la réduction à moitié du numéro d'ordre de son axe principal. Ainsi $[\Lambda^3, 0\mathrm{L}^2, 0\mathrm{C}, 0\mathrm{P}]$ est tétartoaxe par rapport au polyèdre $[\Lambda^6, 3\mathrm{L}^2, 3\mathrm{L}'^2, 0\mathrm{C}, 0\mathrm{P}]$.

Lorsque l'on fait tourner la forme mériédrique $\mu\{ghk\}$ de 180 degrés autour de l'un des axes binaires déficients de l'Assemblage, on obtient une nouvelle forme $\mu'\{ghk\}$ que nous nommerons *forme conjuguée de* $\mu\{ghk\}$.

Dans les polyèdres holoaxes, les formes cristallines ne possèdent pas de formes conjuguées.

Dans les polyèdres hémiaxes, à chaque forme cristalline correspond sa forme conjuguée qui, étant réunie à la forme primitive, constituera une forme holoaxe.

Enfin, dans les polyèdres tétartoaxes, à chaque forme cristalline correspondent trois formes conjuguées distinctes, et la réunion des quatre formes conjuguées reproduira la forme holoaxe.

Voyons maintenant s'il existe des faces inversement semblables dans la forme mériédrique $\mu\{ghk\}$.

Si l'on a $c=p_1=p'_1=p''_1=0$, il est clair qu'il ne peut exister de face inversement semblable, identique à (ghk) (*). Donc alors le nombre total des faces de la forme $\mu\{ghk\}$ sera égal à $\frac{1}{2}\mathrm{N}\gamma'$.

Si au contraire on a $c=1$, ou p_1, ou p'_1, ou $p''_1>0$, c'est-à-dire s'il

(*) Sauf cependant dans un cas relatif au système quaternaire, cas qui sera examiné à la page 129.

existe un centre de symétrie, ou un ou plusieurs plans de symétrie dans le polyèdre, la face (ghk) aura au moins une face inversement semblable qui lui sera identique: or, à cette dernière face correspondront $\frac{1}{2}N\gamma' - 1$ homologues qui lui seront identiques et directement semblables; donc alors il existera $\frac{1}{2}N\gamma'$ faces identiques, toutes inversement semblables à (ghk), et le nombre total des faces de $\mu\,(ghk)$ sera égal à $N\gamma'$.

D'où l'on voit que le nombre des faces de $\mu\,\{ghk\}$ peut être représenté par $N\gamma'\gamma''$, γ'' étant un coefficient égal à 1, si l'on a c, ou p_1, ou p''_1, ou $p''_1 > 0$, et égal à $\frac{1}{2}$, si l'on a $c = p_1 = p'_1 = p''_1 = 0$.

Tout polyèdre moléculaire qui ne possède ni centre ni plans de symétrie, mais seulement un ou plusieurs axes, sera appelé *polyèdre hémisymétrique;* les formes cristallines auxquelles donnera lieu un tel polyèdre ne renfermeront jamais que des faces directement semblables entre elles.

Tout polyèdre moléculaire qui possède un centre de symétrie sera dit *polyèdre centré*. Le centre de symétrie sera toujours accompagné de plans de symétrie, s'il existe des axes d'ordre pair dans le polyèdre.

Enfin, tout polyèdre moléculaire dépourvu de centre, mais possédant un ou plusieurs plans de symétrie, sera appelé *polyèdre dichosymétrique*. Les formes cristallines auxquelles donnent naissance les polyèdres centrés ou dichosymétriques se composeront toujours de faces directement semblables et d'un nombre égal de faces inversement semblables.

De là résulte la classification suivante des polyèdres moléculaires :

1°. Holoaxes centrés ou holoédriques,

2°. Holoaxes hémisymétriques,

3°. Hémiaxes centrés,

4°. Hémiaxes dichosymétriques,

5°. Hémiaxes hémisymétriques,

6°. Tétartoaxes centrés,

7°. Tétartoaxes dichosymétriques,

8°. Tétartoaxes hémisymétriques.

Les mêmes désignations peuvent s'appliquer aux cristaux auxquels ces polyèdres donnent naissance.

Dans les cristaux 2°, 3° et 4°, toute forme oblique $\mu\,\{ghk\}$ est hémiédrique, et n'a que la moitié de ses faces.

Dans les cristaux 5°, 6° et 7°, toute forme oblique $\mu\{ghk\}$ est tétartoédrique, et ne conserve que le quart de ses faces.

Enfin, dans les cristaux 8°, toute forme oblique $\mu\{ghk\}$ est hémitétartoédrique, et ne conserve que le huitième de ses faces.

La classification que nous venons de faire a pour but de réunir sous un titre collectif des cristaux mériédriques jouissant de propriétés géométriques ou physiques qui leur sont communes. Ainsi nous verrons, dans la troisième partie de ce Mémoire, les cristaux hémiaxes donner lieu à des phénomènes d'emboîtement que l'on n'observe pas sur les cristaux holoaxes. Tous les cristaux connus jusqu'à ce jour comme doués de pouvoirs rotatoires optiques appartiennent à la catégorie des cristaux hémisymétriques. Tous les cristaux connus jusqu'à ce jour comme jouissant de propriétés pyroélectriques (sauf le mésotype et la prehnite, qui n'ont été que peu étudiés) sont des cristaux hémiaxes dichosymétriques.

L'hémiédrie à faces parallèles des cristallographes allemands correspond au cas des polyèdres centrés, et l'hémiédrie à faces inclinées, au cas des polyèdres dichosymétriques ou hémisymétriques.

Nous allons maintenant passer en revue les effets de la mériédrie sur les formes cristallines obliques, dans les différents systèmes cristallins. Cette analyse nous conduira à une classification des cristaux mériédriques identique au fond à celle proposée par M. Frankenheim, dans les *Acta Academiæ naturæ Curiosorum*, t. XIX, 2e partie.

Pour obtenir tous les cas de mériédrie possibles, on désassociera les N faces de la forme holoédrique, en rangeant sous le même en-tête celles de ces faces qui restent toujours associées entre elles, quelle que soit la symétrie déficiente du polyèdre moléculaire. Dans les tableaux suivants, en tête de la première colonne figurent les éléments de symétrie qui servent à faire dériver les faces de cette première colonne de la face déterminante de la forme, face (ghk) ou $(ghik)$. En tête de chacune des autres colonnes figurent les éléments de symétrie qui servent à faire dériver les faces de cette colonne des faces de la première colonne. Ce mode de distribution des faces est tout à fait analogue à celui qu'ont employé M. Miller, dans son *Traité de cristallographie*, et plus tard M. Frankenheim, dans son *System der Krystalle*.

Tableau des 48 faces de $\{ghk\}$, dans le Système terquaternaire.

Col. I.	Col. II.	Col. III.	Col. IV.
$3L^2, 4L^3$	$3L^{2\cdot 2}, 6L'^2$	$C, 3P^2$	$6P$
$g\,h\,k$	$g\,k\,\bar{h}$	$\bar{g}\,\bar{h}\,\bar{k}$	$\bar{g}\,\bar{k}\,h$
$g\,\bar{h}\,\bar{k}$	$g\,\bar{k}\,h$	$\bar{g}\,h\,k$	$\bar{g}\,k\,\bar{h}$
$\bar{g}\,h\,\bar{k}$	$\bar{g}\,k\,h$	$g\,\bar{h}\,k$	$g\,\bar{k}\,\bar{h}$
$\bar{g}\,\bar{h}\,k$	$\bar{g}\,\bar{k}\,\bar{h}$	$g\,h\,\bar{k}$	$g\,k\,h$
$h\,k\,g$	$h\,g\,\bar{k}$	$\bar{h}\,\bar{k}\,\bar{g}$	$\bar{h}\,\bar{g}\,k$
$h\,\bar{k}\,\bar{g}$	$h\,\bar{g}\,k$	$\bar{h}\,k\,g$	$\bar{h}\,g\,\bar{k}$
$\bar{h}\,k\,\bar{g}$	$\bar{h}\,g\,k$	$h\,\bar{k}\,g$	$h\,\bar{g}\,\bar{k}$
$\bar{h}\,\bar{k}\,g$	$\bar{h}\,\bar{g}\,\bar{k}$	$h\,k\,\bar{g}$	$h\,g\,k$
$k\,g\,h$	$k\,h\,\bar{g}$	$\bar{k}\,\bar{g}\,\bar{h}$	$\bar{k}\,\bar{h}\,g$
$k\,\bar{g}\,\bar{h}$	$k\,\bar{h}\,g$	$\bar{k}\,g\,h$	$\bar{k}\,h\,\bar{g}$
$\bar{k}\,g\,\bar{h}$	$\bar{k}\,h\,g$	$k\,\bar{g}\,h$	$k\,\bar{h}\,\bar{g}$
$\bar{k}\,\bar{g}\,h$	$\bar{k}\,\bar{h}\,\bar{g}$	$k\,g\,\bar{h}$	$k\,h\,g$

Pour dresser ce tableau, on a d'abord séparé $\{ghk\}$ en ses deux demi-formes directe et inverse, puis on a réuni dans la colonne I les douze faces directement semblables entre elles par rapport aux axes $3L^2$, $4L^3$, qui constituent la symétrie minimum du polyèdre moléculaire susceptible de cristalliser dans ce système.

Les faces $(g\bar{h}\bar{k})$, $(\bar{g}h\bar{k})$, $(\bar{g}\bar{h}k)$ sont les homologues de (ghk) par rapport aux axes $3L^2$, qui sont les trois axes coordonnés de l'Assemblage, rectangulaires entre eux. Si l'on prend les homologues de ces quatre premières faces par rapport aux axes ternaires, au moyen des permutations circulaires des caractéristiques, on achèvera de former la colonne I. Cette colonne porte en tête le symbole $[3L^2, 4L^3]$ qui indique comment les faces qu'elle contient dérivent les unes des autres.

La colonne II dérive de la colonne I en permutant entre elles les deux dernières caractéristiques, et changeant ensuite le signe de la dernière; géométriquement, cela revient à faire tourner de 90 degrés la face autour de l'axe coordonné auquel se rapporte la première caractéristique.

Cette colonne porte en tête le symbole $3L^{2\cdot 2}$, $6L'^2$, qui indique que les axes $3L^2$ sont devenus quaternaires, et que le polyèdre moléculaire a gagné les six axes binaires $6L'^2$.

La colonne III dérive de la colonne I en changeant les signes de toutes les caractéristiques; on obtient ainsi les faces parallèles et opposées à celles de la colonne I, ce qui indique que le polyèdre moléculaire est maintenant pourvu d'un centre de symétrie; comme les plans $3P^2$ accompagnent toujours ce centre, l'en-tête de la colonne sera C, $3P^2$.

De même la colonne IV dérive de la colonne II par le changement de signe des caractéristiques; mais, comme on peut aussi faire dériver les faces de la colonne IV de celles de la colonne I au moyen des plans de symétrie 6P, on a écrit ce dernier symbole en tête de la colonne IV.

Ces différents modes de dérivation géométrique peuvent se suivre facilement sur la *fig.* 10 qui représente, en projection orthogonale, la distribution des pôles des faces (c'est-à-dire des points de tangence de ces faces avec la sphère inscrite à la forme) sur l'hémisphère supérieur d'une sphère que coupe en deux un plan normal à l'un des trois axes quaternaires de l'Assemblage. Cet axe est pris pour axe des z et se projette orthogonalement sur le point O; OX, OY sont les moitiés positives des deux autres axes quaternaires. Le plan XOY étant un plan de symétrie du système, les pôles des faces de l'hémisphère inférieur ont les mêmes projections que ceux des faces de l'hémisphère supérieur; on passe de ceux-ci à ceux-là en changeant le signe de la troisième caractéristique. Les pôles 111, $1\bar{1}1$, $\bar{1}11$, $\bar{1}\bar{1}1$ sont les extrémités supérieures des quatre axes ternaires du système.

Un polyèdre moléculaire de symétrie connue étant donné, pour obtenir les faces de sa forme mériédrique $\mu\{ghk\}$ il suffira de réunir entre elles les colonnes dont les en-tête forment, étant rapprochés, le symbole complet de sa symétrie. C'est ce que nous allons faire voir, en passant successivement en revue les différentes espèces de polyèdres qui cristallisent dans le système terquaternaire.

Polyèdre $[3L^2, 4L^3, 0C, 0P]$; la forme terminée par les faces de la colonne I sera sa forme mériédrique. Elle comprend douze faces; elle est donc tétartoédrique; on pourrait l'appeler *forme hémiaxe hémisymétrique*

Polyèdre $[3L^2, 4L^3, C, 3P^2]$; la forme est terminée par les faces des colonnes I et III : on peut la désigner sous le nom de *forme hémiaxe centrée*.

Polyèdre $[3L^2, 4L^3, oC, 6P]$; la forme correspondante est terminée par toutes les faces des colonnes I et IV : on pourrait l'appeler *forme hémiaxe dichosymétrique*.

Polyèdre $[3L^4, 4L^3, 6L^2, oC, oP]$; la forme $\mu\{ghk\}$ est terminée par toutes les faces des colonnes I et II, et peut être désignée sous le nom de *forme holoaxe hémisymétrique*. En réunissant les en-tête des colonnes pour reconstituer le symbole, il faut avoir soin de changer $3L^{2 \cdot 2}$ en $3L^4$.

Ces trois dernières formes sont hémiédriques.

Polyèdre $[3L^4, 4L^3, 6L^2, C, 3P^4, 6P^2]$; la forme est holoédrique et comprend les quarante-huit faces du tableau : en réunissant les symboles des en-tête, on devra changer $3P^2$ en $3P^4$ et $6P$ en $6P^2$.

Les formes hémiaxe hémisymétrique, hémiaxe dichosymétrique, holoaxe hémisymétrique sont les formes hémiédriques à faces inclinées des cristallographes allemands. La forme hémiaxe centrée est la forme hémiédrique à faces parallèles.

Tableau des 24 faces de {ghik}, dans le Système sénaire.

Col. I.	Col. II.	Col. III.	Col. IV.	Col. V.	Col. VI.	Col. VII.	Col. VIII.
A^3	$A^{3 \cdot 2}$	$3L^2$	$3L'^2$	C	Π	$3P$	$3P'$
$ghik$	$\bar{g}\bar{h}\bar{i}k$	$gih\bar{k}$	$\bar{g}\bar{i}\bar{h}\bar{k}$	$\bar{g}\bar{h}\bar{i}\bar{k}$	$ghi\bar{k}$	$\bar{g}\bar{i}\bar{h}k$	$gihk$
$higk$	$\bar{h}\bar{i}\bar{g}k$	$ihg\bar{k}$	$\bar{i}\bar{h}\bar{g}\bar{k}$	$\bar{h}\bar{i}\bar{g}\bar{k}$	$hig\bar{k}$	$\bar{i}\bar{h}\bar{g}k$	$ihgk$
$ighk$	$\bar{i}\bar{g}\bar{k}h$	$hgi\bar{k}$	$\bar{h}\bar{g}\bar{i}\bar{k}$	$\bar{i}\bar{g}\bar{h}\bar{k}$	$igh\bar{k}$	$\bar{h}\bar{g}\bar{i}k$	$hgik$

Pour dresser ce tableau, on a d'abord séparé {*ghik*} en ses deux demi-formes directe et inverse, puis on a réuni, dans la colonne I, la face déterminante (*ghik*) avec les deux faces directement semblables, que l'on obtient par des rotations de 120 degrés de (*ghik*) autour de l'axe principal considéré comme simplement ternaire; pour cela, il suffit de permuter circulairement les caractéristiques g, h et i. L'on a écrit le symbole A^3 en tête de cette colonne.

La colonne II comprend les trois nouvelles faces directement semblables à (*ghik*) que l'on déduit des précédentes en considérant l'axe A^3 comme un axe à la fois ternaire et binaire, c'est-à-dire en changeant A^3 en A^6.

Les colonnes III et IV comprennent les faces homologues de $(ghik)$ par rapport aux axes $3L^2$ et $3L'^2$ de l'Assemblage.

La demi-forme directe étant épuisée, on obtiendra les colonnes V, VI, VII et VIII, en changeant tous les signes des caractéristiques dans les colonnes I, II, III et IV. Les en-tête de ces nouvelles colonnes représentent les éléments de symétrie qui peuvent servir à faire dériver directement les faces de chacune de ces colonnes au moyen des faces de la colonne I.

On trouvera représentées, dans la *fig.* 11, les positions des pôles des faces qui dépendent de l'hémisphère supérieur, la sphère étant censée coupée en deux par un plan normal à l'axe sénaire, et les projections étant supposées orthogonales. Le plan de projection contient les axes binaires de première espèce OX, OY, OT; $10\bar{1}0$, $01\bar{1}0$, $\bar{1}100$, $\bar{1}010$, $0\bar{1}10$, $1\bar{1}00$ sont les extrémités des axes binaires de deuxième espèce. Le plan XYT étant un plan de symétrie du système, les pôles des faces de l'hémisphère inférieur ont mêmes projections que ceux des faces de l'hémisphère supérieur; on peut passer des uns aux autres en changeant le signe de k.

Si maintenant on veut savoir quelles sont les faces de la forme $\mu\{ghik\}$, pour l'un quelconque des polyèdres moléculaires qui cristallisent dans le système sénaire, et dont le Tableau n° VIII nous donne la liste générale, il suffira de réunir entre elles les colonnes dont les en-tête embrassent les divers éléments de la symétrie S_c du polyèdre. Voici le résultat de cette analyse.

Polyèdre $[\Lambda^3, oL^2, oC, oP]$; la forme est terminée par les trois faces de la colonne I; on peut la nommer *forme tétartoaxe hémisymétrique.* Elle est hémitétartoédrique.

Polyèdre $[\Lambda^3, oL^2, C, oP]$; forme terminée par les faces des colonnes I et V; on peut la nommer *forme tétartoaxe centrée.*

Polyèdre $[\Lambda^3, oL^2, oC, \Pi]$; forme terminée par les faces des colonnes I et VI; on la nommera *forme tétartoaxe dichosymétrique principale.*

Polyèdre $[\Lambda^3, oL^2, oC, 3P]$; forme terminée par les faces des colonnes I et VII; on la nommera *forme tétartoaxe dichosymétrique de première espèce.*

Polyèdre $[\Lambda^3, oL^2, oC, 3P']$; forme terminée par les faces des colonnes I et VIII; on la nommera *forme tétartoaxe dichosymétrique de deuxième espèce.*

Polyèdre $[\Lambda^6, oL^2, oC, oP]$; forme terminée par les six faces des colonnes I et II; on la nommera *forme hémiaxe hémisymétrique principale.*

Polyèdre $[\Lambda^3, 3L^2, oC, oP]$; forme terminée par les faces des colonnes I et III; on peut la nommer *forme hémiaxe hémisymétrique de première espèce.*

Polyèdre $[\Lambda^3, 3L'^2, oC, oP]$; forme terminée par les faces des colonnes I et IV; on peut la nommer *forme hémiaxe hémisymétrique de deuxième espèce.*

Toutes ces formes sont tétartoédriques.

Polyèdre $[\Lambda^6, oL^2, C, \Pi]$; forme terminée par les douze faces des colonnes I, II, V et VI; on peut la nommer *forme hémiaxe centrée principale.*

Polyèdre $[\Lambda^3, 3L^2, C, 3P^2]$; forme terminée par les douze faces des colonnes I, III, V et VII; on peut la nommer *forme hémiaxe centrée de première espèce.* C'est la forme holoédrique du système ternaire.

Polyèdre $[\Lambda^3, 3L'^2, C, 3P'^2]$; forme terminée par les douze faces des colonnes I, IV, V et VIII; on peut la nommer *forme hémiaxe centrée de deuxième espèce.*

Polyèdre $[\Lambda^6, oL^2, oC, 3P, 3P']$; forme terminée par les douze faces des colonnes I, II, VII et VIII; on peut la nommer *forme hémiaxe dichosymétrique principale.*

Polyèdre $[\Lambda^3, 3L^2, oC, \Pi, 3P']$; forme terminée par les douze faces des colonnes I, III, VI et VIII; on peut la nommer *forme hémiaxe dichosymétrique de première espèce.*

Polyèdre $[\Lambda^3, 3L'^2, oC, \Pi, 3P]$; forme terminée par les douze faces des colonnes I, IV, VI et VII; on peut la nommer *forme hémiaxe dichosymétrique de deuxième espèce.*

Polyèdre $[\Lambda^6, 3L^2, 3L'^2, oC, oP]$; forme terminée par les douze faces des colonnes I, II, III et IV; on la nommera *forme holoaxe hémisymétrique.*

Toutes ces formes sont hémiédriques.

Polyèdre $[\Lambda^6, 3L^2, 3L'^2, C, \Pi, 3P^2, 3P'^2]$; forme terminée par les vingt-quatre faces du tableau, ou *forme holoaxe centrée.* C'est la forme holoédrique du système sénaire.

Quelques-unes de ces formes reproduisent, soit la forme holoédrique, soit les formes mériédriques du système ternaire : on ne peut alors reconnaître si la cristallisation s'est opérée dans le système ternaire ou dans le système sénaire, qu'en tenant compte du clivage et de la densité réticulaire des faces dominantes.

Tableau des 16 faces de $\{ghk\}$, dans le Système quaternaire.

Col. I.	Col. II.	Col. III.	Col. IV.	Col. V.	Col. VI.	Col. VII.	Col. VIII.
A^2	$A^{2\cdot2}$	$2L^2$	$2L'^2$	C, Π	"	2P	2P′
$g\,h\,k$ $\bar{g}\,\bar{h}\,k$	$h\,\bar{g}\,k$ $\bar{h}\,g\,k$	$g\,\bar{h}\,\bar{k}$ $\bar{g}\,h\,\bar{k}$	$h\,g\,\bar{k}$ $\bar{h}\,\bar{g}\,\bar{k}$	$\bar{g}\,\bar{h}\,\bar{k}$ $g\,h\,\bar{k}$	$\bar{h}\,g\,\bar{k}$ $h\,\bar{g}\,\bar{k}$	$\bar{g}\,h\,k$ $g\,\bar{h}\,k$	$\bar{h}\,\bar{g}\,k$ $h\,g\,k$

On a dressé ce tableau d'après les mêmes principes qui ont servi à dresser celui du système sénaire, avec cette différence que les faces se groupent, non plus de trois en trois, mais de deux en deux, et que le symbole du plan de symétrie Π, qui accompagne toujours le centre C, a dû passer de la sixième à la cinquième colonne. Pour savoir dans quel cas les faces de la sixième colonne devront appartenir à la forme mériédrique $\mu\{ghk\}$ d'un polyèdre moléculaire donné, il suffira de se rappeler que le nombre des faces étant toujours 4, 8 ou 16, le nombre des colonnes à réunir doit toujours être un nombre pair.

La *fig.* 12 montre les projections orthogonales des pôles des faces de l'hémisphère supérieur, la sphère étant coupée en deux par le plan normal à l'axe principal. Les droites OX, OY sont les axes binaires de première espèce de l'Assemblage; $1\,1\,0$, $\bar{1}\,\bar{1}\,0$, $\bar{1}\,1\,0$, $1\,\bar{1}\,0$ sont les extrémités des axes de deuxième espèce. Les pôles des faces de l'hémisphère inférieur ont mêmes projections que ceux de l'hémisphère supérieur : on passerait de ceux-ci à ceux-là en changeant le signe de la caractéristique k.

Les différents cas qui peuvent se présenter sont les suivants :

Polyèdre $[\Lambda^4, oL^2, oC, oP]$; la forme est terminée par les quatre faces des colonnes I et II : en réunissant les en-tête de ces colonnes, on remplacera $\Lambda^{2\cdot2}$ par Λ^4; cette forme pourra être appelée *forme hémiaxe hémisymétrique*. Elle est tétartoédrique.

Polyèdre $[\Lambda^4, oL^2, C, \Pi]$; forme terminée par les huit faces des colonnes I, II, V et VI; on la nommera *forme hémiaxe centrée*.

Polyèdre $[\Lambda^4, oL^2, oC, 2P, 2P']$; forme terminée par les huit faces des colonnes I, II, VII et VIII; on peut la nommer *forme hémiaxe dichosymétrique principale*.

Polyèdre $[\Lambda^2, 2L^2, oC, 2P']$; forme terminée par les huit faces des colonnes I, III, VI et VIII; on peut la nommer *forme hémiaxe dichosymétrique de première espèce*.

Polyèdre $[\Lambda^2, 2L'^2, oC, 2P]$; forme terminée par les huit faces des colonnes I, IV, VI et VII; ce sera la *forme hémiaxe dichosymétrique de deuxième espèce*.

Polyèdre $[\Lambda^4, 2L^2, 2L'^2, oC, oP]$; forme terminée par les huit faces des colonnes I, II, III et IV; on peut la nommer *forme holoaxe hémisymétrique*.

Toutes ces formes sont hémiédriques.

Polyèdre $[\Lambda^4, 2L^2, 2L'^2, C, \Pi, 2P^2, 2P'^2]$; forme terminée par les seize faces du tableau; on peut la nommer *forme holoaxe centrée*. C'est la forme holoédrique du système quaternaire.

Il serait possible qu'il se rencontrât dans la nature un polyèdre moléculaire dont les sommets homologues seraient disposés quatre à quatre autour d'un axe binaire central, comme le sont dans la *fig.* 12 les pôles ghk, $\bar{g}\,\bar{h}\,k$, $\bar{h}\,g\,\bar{k}$, $h\,\bar{g}\,\bar{k}$, autour de l'axe normal au plan de projection. Un tel polyèdre obéirait à des lois de symétrie différentes de celles que je me suis borné à considérer dans mon Mémoire sur les polyèdres de forme symétrique. Quoique ayant pour symbole de symétrie $[\Lambda^2, oC, oP]$, il pourrait cristalliser dans le système quaternaire. La forme mériédrique correspondant à ce genre de symétrie moléculaire comprendrait les quatre faces des colonnes I et VI de notre tableau. Ces polyèdres offriraient cette circonstance digne de remarque, que deux faces inversement semblables, telles que (ghk) et $(\bar{h}\,g\,\bar{k})$, pourraient être identiques, quoique le polyèdre moléculaire ne possédât ni plans, ni centre de symétrie; rien de pareil n'a lieu pour les polyèdres moléculaires que nous nous sommes bornés à considérer jusqu'ici, ou que nous considérerons par la suite.

J'ai exclu les polyèdres qui offriraient ce singulier genre de symétrie de l'étude générale que j'ai faite des polyèdres symétriques, avec d'autant moins de scrupules qu'il ne paraît pas que ce cas singulier se rencontre dans la nature.

Toutefois, je l'ai admis dans le tableau final (Tableau n° IX) des différentes espèces d'hémiédrie : pour distinguer un tel polyèdre, on pourrait le représenter par le symbole $[\Lambda^2, \text{o}C, \text{o}P]^4$, l'exposant 4 étant destiné à indiquer que la cristallisation s'opérera dans le système quaternaire.

Tableau des 12 faces de $\{ghik\}$, dans le Système ternaire.

Col. I.	Col. II.	Col. III.	Col. IV.
Λ^3	$3L^2$	C	$3P$
$g\,h\,i\,k$ $h\,i\,g\,k$ $i\,g\,h\,k$	$g\,i\,h\,\bar{k}$ $i\,h\,g\,\bar{k}$ $h\,g\,i\,\bar{k}$	$\bar{g}\,\bar{h}\,\bar{i}\,\bar{k}$ $\bar{h}\,\bar{i}\,\bar{g}\,\bar{k}$ $\bar{i}\,\bar{g}\,\bar{h}\,\bar{k}$	$\bar{g}\,\bar{i}\,\bar{h}\,k$ $\bar{i}\,\bar{h}\,\bar{g}\,k$ $\bar{h}\,\bar{g}\,\bar{i}\,k$

Ce tableau peut être dressé d'après les mêmes principes qui nous ont guidé en dressant le tableau des faces du système sénaire. Du reste, on peut se borner à réunir les colonnes I, III, V et VII de ce dernier tableau, en conservant leurs en-tête.

La *fig.* 13 représente en projection orthogonale les pôles des douze faces de la forme complète ; elle est la répétition de la *fig.* 11, avec cette seule différence que l'on a changé le signe de k pour les pôles $gihk$, $\bar{i}\bar{g}\bar{h}k$, $ihgk$, $\bar{g}\bar{h}\bar{i}\bar{k}$, $hgik$ et $\bar{h}\bar{i}\bar{g}k$; les ronds noirs indiquent les pôles des faces de l'hémisphère inférieur.

Il peut se présenter les cinq cas suivants :

Polyèdre $[\Lambda^3, \text{o}L^2, \text{o}C, \text{o}P]$; la forme est terminée par les trois faces de la colonne I ; on peut la nommer *forme hémiaxe hémisymétrique*. Elle est tétartoédrique.

Polyèdre $[\Lambda^3, \text{o}L^2, C, \text{o}P]$; la forme comprend les six faces des colonnes I et III ; on peut la nommer *forme hémiaxe centrée*.

Polyèdre $[\Lambda^3, \text{o}L^2, \text{o}C, 3P]$; la forme comprend les six faces des colonnes I et IV ; on peut la nommer *forme hémiaxe dichosymétrique*.

Polyèdre $[\Lambda^3, 3L^2, \text{o}C, \text{o}P]$; la forme correspondante embrasse les six faces des colonnes I et II ; on la nommera *forme holoaxe hémisymétrique*.

Ces trois dernières formes sont hémiédriques.

Polyèdre [A^3, $3L^2$, C, $3P^2$]; forme *holoaxe centrée,* et par conséquent holoédrique, comprenant les douze faces de notre tableau.

Les cinq cas que nous venons d'examiner se retrouvent aussi dans le système sénaire; la disposition des formes prédominantes et le sens des clivages serviront à fixer le choix de l'observateur entre les deux manières différentes dont la cristallisation de la substance pourra être interprétée.

Tableau des 8 *faces de la forme* $\{ghk\}$, *dans le Système terbinaire.*

Col. I.	Col. II.	Col. III.	Col. IV.
A^2	L^2, L'^2	C, Π	P, P′
$g\,h\,k$ $\bar{g}\,\bar{h}\,k$	$g\,\bar{h}\,\bar{k}$ $\bar{g}\,h\,\bar{k}$	$\bar{g}\,\bar{h}\,\bar{k}$ $g\,h\,\bar{k}$	$\bar{g}\,h\,k$ $g\,\bar{h}\,k$

On a construit ce tableau d'après les mêmes principes qui ont servi pour les tableaux précédents. On peut l'obtenir en rapprochant l'une de l'autre les colonnes I, III, V et VII du tableau du système quaternaire, en changeant l'en-tête $2L^2$ en L^2, L'^2, et l'en-tête $2P^2$ en P, P′.

La sphère qui contient les pôles des faces étant supposée coupée par le plan Π en deux parties égales, la *fig.* 14 offre les pôles de l'hémisphère supérieur en projection orthogonale sur ce plan. Les droites OX, OY sont les moitiés positives des axes binaires L^2, L'^2. En changeant k en $\bar{k}$ sur la figure, on aura les projections des pôles de l'hémisphère inférieur.

Trois sortes de polyèdres cristallisent dans le système terbinaire.

Polyèdre [A^2, $0L^2$, 0C, P, P′]; la forme se compose des quatre faces contenues dans les colonnes I et IV; on la nommera *forme hémiaxe dichosymétrique.*

Polyèdre [A^2, L^2, L'^2, 0C, 0P]; la forme se compose des quatre faces contenues dans les colonnes I et II; on la nommera *forme holoaxe hémisymétrique.* Cette forme est hémiédrique, comme la précédente.

Polyèdre [A^2, L^2, L'^2, C, Π, P^2, P'^2]; la forme comprend les huit faces du tableau; elle est *holoaxe centrée,* et par conséquent holoédrique.

Tableau des 4 faces de la forme $\{ghik\}$, dans le Système binaire.

Col. I.	Col. II.	Col. III.	Col. IV.
$''$	Λ^2	C	Π
$g\,h\,i\,k$	$\bar{g}\,\bar{h}\,\bar{i}\,k$	$\bar{g}\,\bar{h}\,\bar{i}\,\bar{k}$	$g\,h\,i\,\bar{k}$

La formation de ce tableau n'offre aucune difficulté, après que l'on a séparé la forme générale en ses deux demi-formes directe et inverse. La colonne I manque d'en-tête; mais cette circonstance ne peut nous induire en erreur; car la face $(ghik)$, étant la déterminante de la forme, sert de départ commun à toutes les formes holoédriques ou mériédriques.

La *fig.* 15 offre la projection des pôles sur le plan Π; OX, OY, OT sont les trois Rangées coordonnées situées dans ce plan; les pôles supérieurs se projettent sur les projections des inférieurs, le pôle $ghik$ recouvrant $ghi\bar{k}$, et le pôle $\bar{g}\bar{h}\bar{i}k$ recouvrant $\bar{g}\bar{h}\bar{i}\bar{k}$.

On peut avoir, dans ce système cristallin, à considérer les trois polyèdres suivants :

Polyèdre $[oL, oC, \Pi]$; la forme comprend les deux faces des colonnes I et IV; elle sera dite *forme hémiaxe dichosymétrique*.

Polyèdre $[\Lambda^2, oC, oP]$; la forme consiste dans les deux faces des colonnes I et II; elle sera dite *holoaxe hémisymétrique*. Cette forme et la précédente sont hémiédriques.

Polyèdre $[\Lambda^2, C, \Pi]$; la forme comprend les quatre faces du tableau; elle est *holoaxe centrée,* et par conséquent holoédrique.

Tableau des 2 faces de $\{ghk\}$, dans le Système asymétrique.

Col. I.	Col. II.
$''$	C
$g\,h\,k$	$\bar{g}\,\bar{h}\,\bar{k}$

Il ne peut se présenter que deux cas, selon que le polyèdre moléculaire possède ou non un centre de symétrie.

Polyèdre [oL, oC, oP]; la forme est à une seule face; on peut l'appeler *forme non centrée.* Cette forme est hémiédrique et peut être considérée comme rentrant dans la catégorie générale des formes hémisymétriques.

Polyèdre [oL, C, oP]; la forme est à deux faces parallèles; on peut l'appeler *forme centrée.* C'est une forme holoédrique.

Lorsque la position des axes d'un cristal aura été exactement fixée, la détermination précise d'une seule forme oblique, du nombre et de la situation de ses différentes faces par rapport aux axes et plans de symétrie de l'Assemblage, conduira toujours à la connaissance de l'espèce d'hémiédrie propre au cristal, et, par conséquent, à celle de la symétrie du polyèdre moléculaire ou tout au moins du polyèdre qui lui est équivalent.

Mais comme la cristallisation produit beaucoup plus fréquemment des formes restreintes, parallèles ou normales aux axes, que des formes obliques, comme ces dernières se montrent même assez rarement dans les systèmes cristallins dont la symétrie est la plus élevée, il importe de rechercher quelles modifications la nature de la symétrie propre au polyèdre moléculaire peut exercer sur ces nouvelles formes.

§ IV. — *De l'influence qu'exerce la symétrie du polyèdre moléculaire sur la figure des formes parallèles ou normales.*

Pour déterminer les modifications qu'éprouvent les formes parallèles ou normales dans les cristaux mériédriques, on peut employer deux méthodes différentes, la méthode des symboles et la méthode géométrique.

La première est d'un emploi facile; un exemple suffira pour la faire comprendre.

On demande ce que devient la forme {*gogk*}, dans le cas du polyèdre [Λ^3, $3L'^2$, oC, Π, 3P] cristallisant dans le système sénaire.

Formez le tableau des faces pour la forme hémiaxe dichosymétrique de deuxième espèce. Pour cela, réunissez dans le petit tableau qui suit les colonnes I, IV, VI et VII du tableau de la page 125; vous aurez

$g\,h\,i\,k$	$\bar{g}\,\bar{i}\,\bar{h}\,\bar{k}$	$g\,h\,i\,\bar{k}$	$\bar{g}\,\bar{i}\,\bar{h}\,k$
$h\,i\,g\,k$	$\bar{i}\,\bar{h}\,\bar{g}\,\bar{k}$	$h\,i\,g\,\bar{k}$	$\bar{i}\,\bar{h}\,\bar{g}\,k$
$i\,g\,h\,k$	$\bar{h}\,\bar{g}\,\bar{i}\,\bar{k}$	$i\,g\,h\,\bar{k}$	$\bar{h}\,\bar{g}\,\bar{i}\,k$

Changez dans ce tableau h en o et i en $\bar{g}$; il deviendra

$g\,o\,\bar{g}\,k$	$\bar{g}\,g\,o\,\bar{k}$	$g\,o\,\bar{g}\,\bar{k}$	$\bar{g}\,g\,o\,k$
$o\,\bar{g}\,g\,k$	$g\,o\,\bar{g}\,\bar{k}$	$o\,\bar{g}\,g\,\bar{k}$	$g\,o\,\bar{g}\,k$
$\bar{g}\,g\,o\,k$	$o\,\bar{g}\,g\,\bar{k}$	$\bar{g}\,g\,o\,\bar{k}$	$o\,\bar{g}\,g\,k$

En comparant ces douze symboles, vous verrez que les six dernières faces se confondent avec les six premières, et que la demi-forme inverse coïncide avec la demi-forme directe. Le nombre des faces réellement distinctes sera donc réduit à six, et il sera facile de reconnaître que la figure de la forme sera un ditrièdre, ou hexaèdre à six triangles isocèles.

Cette méthode de l'identification des symboles a déjà été employée par M. Miller pour faire dériver le nombre des faces des formes restreintes du nombre des faces de la forme oblique, dans le cas de l'holoédrie; on voit que l'on peut l'appliquer avec le même succès aux cristaux mériédriques.

La seconde méthode est basée sur les deux théorèmes suivants :

1°. *Toute forme oblique, en devenant orthoparallèle, perd la moitié de ses faces, si le plan normal à l'axe parallèle à la forme est un plan de symétrie du polyèdre moléculaire; alors les deux demi-formes directe et inverse se confondent. Dans le cas contraire, la forme conserve ses faces.*

2°. *Toute forme normale à un axe* L^q *perd la moitié de ses faces, lorsque le polyèdre moléculaire, cessant d'être holoédrique, ne possède plus ni centre de symétrie, ni plan de symétrie normal à l'axe* L^q, *ni axe d'ordre pair normal à ce même axe; alors, de deux faces parallèles, l'une disparaît, et la forme offre les caractères de l'hémiédrie à faces inclinées. Dans le cas contraire, la forme conserve ses faces.*

La démonstration de ces théorèmes ne saurait offrir de difficultés pour le lecteur. Pour les appliquer, il suffira de se rappeler la position relative des axes et plans de symétrie de l'Assemblage.

Le Tableau n° IX a été dressé d'après ces principes. Il offre une classification analogue à celle de M. Frankenheim, ou du moins qui n'en diffère que dans des points d'un intérêt secondaire. La deuxième colonne renvoie, pour le détail des faces de chaque forme oblique, aux colonnes des tableaux du paragraphe précédent. Pour distinguer entre elles les formes d'un égal nombre de faces, mais de figures différentes, on a ajouté une grande lettre romaine à ce nombre. Voici la liste et le nom de toutes ces formes :

48, hexakisoctaèdre, tétracontaoctaèdre (*);
24 A, trapézoïdicositétraèdre;
24 B, hexakistétraèdre;
24 C, icositétraèdre pentagonal;
24 D, triakisoctaèdre et trapézoèdre;
24 E, tétrakishexaèdre;
24 F, didodécaèdre (**);
16, dioctaèdre (***);
12 A, de figure variable, non encore observée;
12 B, triakistétraèdre et deltoïdododécaèdre;
12 C, dodécaèdre pentagonal, hémitétrakishexaèdre;
12 D, dodécaèdre rhomboïdal;
12 E, birhomboèdre;
12 F, scalénoèdre, métastatique;
12 G, forme ouverte consistant en un pointement à douze faces; on pourrait l'appeler monakisdodécaèdre;

(*) Dans le cristal régulièrement conformé, chaque face est la section plane d'une pyramide triangulaire à angles dièdres de 90, 60 et 45 degrés, dont les trois arêtes sont l'un des axes quaternaires, l'un des axes ternaires et l'un des axes binaires voisins.

(**) Chaque face est la section d'une pyramide triangulaire à angles dièdres de 90, 90 et 30 degrés, dont les trois arêtes sont l'axe sénaire et deux axes binaires voisins d'espèces différentes.

(***) La face composante résulte de la section plane d'une pyramide triangulaire ayant pour angles dièdres les angles 90, 90 et 45 degrés, et dont les trois arêtes représentent l'axe quaternaire, un axe binaire de première espèce, et un axe binaire voisin de deuxième espèce.

12H, forme consistant en deux ditrièdres de même axe qui se pénètrent; on pourrait l'appeler tétratriscalénoèdre;

12I, forme consistant en deux pointements sextuples réguliers opposés l'un à l'autre, mais qui ne se correspondent pas; on pourrait l'appeler trapézoèdre hexagonal;

12K, prisme dodécaèdre indéfini;

8A, octaèdre régulier;

8B, quadratoctaèdre;

8C, forme ouverte consistant en un pointement à huit faces; on pourrait l'appeler monakisoctaèdre;

8D, forme consistant en huit triangles scalènes égaux; on pourrait la nommer scalénoèdre tétragonal;

8E, forme consistant en deux pointements quadruples réguliers opposés l'un à l'autre, mais qui ne se correspondent pas; on pourrait l'appeler trapézoèdre tétragonal;

8F, prisme octaèdre indéfini;

8G, rhomboctaèdre (*);

6A, cube;

6B, rhomboèdre:

6C, ditrièdre;

6D, forme ouverte consistant en un pointement sextuple irrégulier formé par deux pointements triples réguliers de même axe et de même sommet, qui se pénètrent l'un l'autre; on pourrait l'appeler monakis-hexaèdre;

6E, pointement sextuple régulier;

6F, trapézoèdre trigonal de Naumann; cette forme consiste en deux pointements triples réguliers, opposés l'un à l'autre aux deux extrémités de l'axe principal, mais qui ne se correspondent pas;

6G, prisme hexaèdre régulier;

6H, prisme hexaèdre irrégulier, mais symétrique;

4A, tétraèdre régulier;

(*) Chaque face est la section d'une pyramide trirectangle, ayant les trois axes binaires pour arêtes.

4 B, pointement quadruple régulier;
4 C, tétraèdre à triangles isocèles égaux;
4 D, prisme carré indéfini;
4 E, pointement quadruple irrégulier, mais symétrique;
4 F, tétraèdre à triangles scalènes égaux, sphénoïde de Naumann;
4 G, prisme rhomboïdal indéfini;
3 A, pointement triple régulier;
3 B, prisme triéquiangle indéfini;
2 A, deux faces parallèles;
2 B, deux faces qui se coupent, biseau.

A l'inspection du Tableau n° IX, on reconnaît que les formes restreintes n'accusent pas toujours l'état mériédrique d'un cristal. Par exemple, dans tous les cristaux holoaxes hémisymétriques des systèmes terquaternaire, sénaire, quaternaire et terbinaire, les formes restreintes sont les mêmes que si le polyèdre moléculaire était holoédrique. Les formes obliques peuvent seules faire reconnaître avec certitude la symétrie holoédrique ou hémiédrique de tels polyèdres, et tant que ces formes obliques n'ont pas été observées sur des échantillons de l'espèce minérale, on ne peut porter qu'un jugement provisoire sur la nature de sa symétrie moléculaire.

On voit aussi que certaines formes se reproduisent sur toutes les variétés mériédriques d'un même système cristallin, et ne peuvent rien apprendre sur la structure de la molécule; tels sont le cube et le dodécaèdre rhomboïdal dans le système terquaternaire; tels sont aussi les prismes à base carrée du système quaternaire. Cependant une observation attentive des formes normales et des formes orthoparallèles suffira le plus souvent à faire reconnaître si la substance est holoédrique, hémiédrique, tétartoédrique, etc.

§ V. — *Exemples de cristaux naturels mériédriques.*

Le nombre des cristaux mériédriques que nous offre la nature est allé sans cesse en augmentant depuis une trentaine d'années, c'est-à-dire depuis l'époque de la découverte de l'hémiédrie par le professeur Weiss; il est probable qu'il s'accroîtra par des observations ultérieures, soit par l'examen attentif d'un nombre plus considérable d'échantillons de substances déjà connues, mais encore peu abondantes, soit par l'étude des composés cristallins si variés que la chimie parvient aujourd'hui à produire.

Le premier échantillon venu d'une substance n'est pas toujours propre à dévoiler l'hémiédrie de la molécule; elle peut rester cachée sous des formes parallèles ou normales impropres à la dévoiler; mais quelques cas bien nets, dans lesquels une disparition régulière de la moitié ou des trois quarts des faces s'effectue, sans possibilité de recourir à un avortement accidentel, suffiront pour que l'on puisse ranger affirmativement la substance dans la liste des substances mériédriques.

Je vais examiner les principaux cas de mériédrie aujourd'hui connus, en indiquant les signes extérieurs qui les caractérisent. Le Tableau n° IX offre le résumé complet de ces divers indices et va nous servir de guide dans cette revue rapide. L'accord entre la théorie et l'observation ne laisse absolument rien à désirer.

Système terquaternaire.

Polyèdre $[3L^2, 4L^3, C, 3P^2]$, *hémiaxie centrée.* — Ce genre d'hémiédrie appartient aux minéraux suivants :

Sulfure de fer,
Arséniure de cobalt,
Arséniosulfure de cobalt (cobalt gris),
Arséniosulfure de nickel.

L'antimoniosulfure de nickel est supposé posséder la même hémiédrie, par suite de l'isomorphisme de l'arsenic avec l'antimoine.

Ce groupe est caractérisé par l'hémiédrie de la forme $\{gho\}$ qui donne le dodécaèdre pentagonal, et par celle de $\{ghk\}$ qui donne le trapézoïdicositétraèdre : hémiédrie à faces parallèles des minéralogistes allemands, représentée par le symbole $\pi\{ghk\}$, dans la *Cristallographie* de M. Miller.

D'après les recherches de Beudant (*), l'alun appartiendrait à cette division.

On peut concevoir le polyèdre moléculaire comme formé par douze sommets disposés quatre à quatre sur chacun des trois plans de symétrie, de

(*) *Annales de Chimie et Physique*, 2e série, tome VIII, page 23.

manière à y figurer trois rectangles égaux entre eux ; lorsque le petit côté du rectangle est égal au grand segment du grand côté partagé en moyenne et extrême raison, ce polyèdre est un icosaèdre régulier.

Ainsi un polyèdre moléculaire à douze atomes disposés comme les sommets d'un icosaèdre régulier doit cristalliser dans le système de l'hémiaxie centrée ; il en serait de même d'un polyèdre à vingt atomes figurant les sommets d'un dodécaèdre régulier, etc.

Polyèdre [$3 L^2$, $4 L^3$, $0 C$, $6 P$], *hémiaxie dichosymétrique.* — Ce groupe comprend, dans la nature, les espèces suivantes :

Sulfure de zinc,
Arséniate de fer,
Silicate de bismuth,
Cuivre gris,
Helvine,
Boracite.

Le chlorure de cuivre $Cu^2 Cl$ cristallise en tétraèdres réguliers ; il doit être rapporté à la même symétrie.

Le groupe actuel est caractérisé par l'hémiédrie de l'octaèdre {111} qui se change en un tétraèdre régulier, de {ggk} qui se change en un triakistétraèdre, et par celle de {ghk} qui donne l'hexakistétraèdre; hémiédrie à faces inclinées des minéralogistes allemands, annotée $\varkappa$ {ghk} par M. Miller.

Le type le plus simple de la molécule consiste en quatre atomes disposés en tétraèdre régulier.

L'holoaxie hémisymétrique, dont le défaut de symétrie ne pourrait se dévoiler que sur des formes obliques, et l'hémiaxie hémisymétrique qui pourrait offrir la combinaison des deux genres d'hémiédrie à faces parallèles et à faces inclinées, ne paraissent pas avoir été rencontrées dans la nature. Mais comme il peut exister des cristaux hémiaxes hémisymétriques que nous ne connaissons pas encore, ce serait sans doute aller trop loin que de dire, avec M. Delafosse (*), « que jamais les deux genres de formes (tétraèdre régu- « lier et dodécaèdre pentagonal) ne se trouveront réunis dans une série de

(*) *De la Structure des Cristaux*, Thèse; Paris, 1840, page 8.

« cristaux appartenant à une espèce proprement dite, c'est-à-dire composés « des mêmes molécules. »

Système sénaire.

Ce système est très-riche en formes mériédriques variées dont un petit nombre seulement a été observé jusqu'à ce jour.

Polyèdre [Λ^3, $3L^2$, oC, oP], *hémiaxie hémisymétrique de première espèce.* — A ce genre d'hémiédrie appartiennent les cristaux de quartz. Leur symétrie singulière a beaucoup occupé les minéralogistes : comme exemple d'étude de cristaux mériédriques, nous allons chercher à reconnaître la structure de la molécule du quartz, en prenant pour guide M. Gustave Rose, qui a récemment examiné ce minéral avec le plus grand soin.

On reconnaît une première dissymétrie consistant en ce que la face R (*fig.* 16) appartenant au pointement sextuple terminal est souvent plus grande et d'un plus beau poli que ses deux voisines r', r' : ainsi le pointement supérieur se décompose en deux pointements triangulaires. Si l'on décompose de même le pointement inférieur, on trouve que les faces du pointement supérieur ont pour correspondantes, dans la même forme cristalline, les faces qui leur sont parallèles dans le pointement inférieur.

Si donc O représente le centre du cristal, OX, OY, OT, les moitiés positives des trois axes binaires de première espèce de l'Assemblage, le groupe des faces g, g, g du prisme hexaèdre régulier sera représenté par $\{01\bar{1}0\}$, le groupe formé par R et le rhomboèdre correspondant aura pour symbole $\{01\bar{1}1\}$, et le groupe formé par le rhomboèdre r', r', $\{10\bar{1}1\}$.

L'observation démontre que, s'il existe d'autres rhomboèdres de la forme $\{og\bar{g}k\}$, ils ne s'associent que rarement à leurs conjugués $\{go\bar{g}k\}$, ce qui fait voir que $\{og\bar{g}k\}$ est une forme à six faces dans le quartz.

Puisque la forme $\{og\bar{g}k\}$ se réduit au rhomboèdre représenté par 6B (*voyez* le tableau des formes, page 136), cherchons dans le Tableau n° IX quels sont les polyèdres moléculaires qui comportent ce genre de transformation. Nous obtenons alors les trois hypothèses indiquées par le tableau suivant :

SYMÉTRIE du polyèdre moléculaire.	$\{ghik\}$	$\{gg\overline{2g}k\}$	$\{ghio\}$	$\{11\overline{2}0\}$
A^3, oL^2, C, oP.....	6 B	6 B	6 G	6 G
A^3, 3L^2, oC, oP....	6 F	6 C	6 H	3 B
A^3, 3L^2, C, 3P^2.....	12 F	12 E	12 K	6 G

L'examen des formes $\{ghik\}$, $\{gg\overline{2g}k\}$, $\{ghio\}$, $\{11\overline{2}0\}$ va nous aider à faire un choix entre ces trois hypothèses.

La forme oblique $\{ghik\}$ est représentée dans le quartz par des formes à six faces trapézoïdes, telles que x, x (*fig.* 16), placées de manière à donner deux pointements triples non correspondants, rentrant dans la catégorie 6F du tableau de la page 135.

La forme parallèle $\{gg\overline{2g}k\}$ n'est représentée dans la cristallisation du quartz que par les faces rhombes s, s. D'après M. Gustave Rose (*), ces faces, dont la notation est $\{11\overline{2}1\}$, sont toujours situées aux deux extrémités d'une même arête verticale, mais seulement pour trois de ces six arêtes, et en alternant. La figure résultant de leur réunion sera donc le ditrièdre 6C. Lorsque cette loi d'alternance est en défaut, cela provient de ce que le cristal est maclé.

La forme $\{ghio\}$ a pour représentant dans le quartz un prisme hexaèdre irrégulier, mais symétrique, qui forme de petits biseaux sur chacun des côtés des trois arêtes verticales qui ne portent pas de faces s, s : sur notre figure, ces arêtes sont celles auxquelles aboutissent les extrémités positives de nos axes binaires de première espèce. La forme observée par M. Rose avait pour notation $\{61\overline{5}0\}$. Dans notre nomenclature générale des formes cristallines, ce prisme reçoit la notation 6H.

Quant à la forme $\{11\overline{2}0\}$, elle ne paraît pas avoir jamais été observée dans les cristaux de quartz.

A ces divers caractères, on reconnaît que le symbole de la symétrie moléculaire est [A^3, 3L^2, oC, oP]. Ainsi les axes binaires OX, OY, OT appartiennent au polyèdre moléculaire et sont des axes communs de la symétrie :

(*) *Poggendorff's Annalen*, tome LXII, page 331.

il est facile de voir qu'en effet toutes les faces sont coordonnées symétriquement par rapport à ces axes.

Quant à la question de savoir si ces lignes sont les axes de première espèce ou de deuxième espèce de l'Assemblage, nous l'avons résolue, dès l'origine, dans le premier de ces deux sens, à cause de la prédominance des formes $g = \{10\bar{1}0\}$, $R = \{01\bar{1}1\}$, $r' = \{10\bar{1}1\}$.

M. Miller a représenté par $\alpha\{ghk\}$ les formes hémiédriques du quartz.

J'ai supposé jusqu'ici que le quartz cristallisait dans le système sénaire; on aurait pu admettre qu'il appartient au système ternaire. Dans ce cas, OX, OY, OT sont les axes binaires d'espèce unique de l'Assemblage, et la considération des formes conduit encore au polyèdre $[\Lambda^3, 3L^2, oC, oP]$. La forme $xx\ldots$, qui est tétartoédrique dans l'ancienne hypothèse, devient alors une forme hémiédrique du système ternaire : les formes RR..., $r'r'r'\ldots$, et tous les rhomboèdres de premier et de deuxième ordres, deviennent holoédriques. Il n'existe pas de raison péremptoire pour préférer l'une ou l'autre de ces manières de voir : toutefois la cristallisation sénaire, que j'ai adoptée, rend un compte plus exact de la tendance du quartz à former des pointements sextuples, ainsi que certaines macles par hémitropie moléculaire, sur lesquelles je reviendrai dans la troisième partie de mon travail.

Pour former une molécule de quartz le plus simplement possible, en se conformant à la symétrie $[\Lambda^3, 3L^2, oC, oP]$, prenez une droite MM′ (*fig.* 17) divisée au point X en deux segments égaux par sa plus courte distance OX à une droite fixe AOA′. Faites tourner OXMM′ de 120 degrés autour de AA′, de sorte que MM′ vienne occuper la position NN′, et OX le lieu OY; puis une seconde fois de 120 degrés, de sorte que MM′ vienne occuper la position PP′, et OX le lieu OT : les points M, M′, N, N′, P, P′ seront les lieux des six atomes de la molécule; OX, OY, OT seront les axes binaires, et AA′ l'axe ternaire du polyèdre moléculaire. Lorsque la molécule entre dans l'Assemblage sénaire, son centre de figure O vient coïncider avec l'un des Sommets de cet Assemblage, AA′ avec son axe principal; enfin les droites OX, OY, OT viennent se ranger suivant ses axes binaires de première espèce. Cette construction rentre dans l'une des deux suppositions imaginées par

M. Delafosse (*) pour expliquer la dissymétrie de la cristallisation du quartz.

Polyèdre $[\Lambda^6, o L^2, C, \Pi]$, *hémiaxie centrée principale.* — A ce groupe appartient l'apatite. On reconnaîtra ce genre de mériédrie, 1° à la forme $\{ghio\}$ qui perd la moitié de ses faces et se change en un prisme hexaèdre régulier placé irrégulièrement par rapport aux axes binaires de l'Assemblage ; 2° à la forme $\{ghik\}$ qui se change en un birhomboèdre correspondant au prisme précédent. C'est l'hémiédrie à faces parallèles des minéralogistes allemands, et M. Miller l'a représentée par le symbole $\pi\{ghk\}$.

Les treize autres cas de mériédrie que comporte le système sénaire ne me paraissent pas avoir été jusqu'ici rencontrés dans la nature.

Système quaternaire.

Polyèdre $[\Lambda^4, o L^2, C, \Pi]$, *hémiaxie centrée.* — Ce genre d'hémiédrie appartient aux substances suivantes :

Chaux tungstatée (schéelin calcaire),
Plomb tungstaté,
Plomb molybdaté (mélinose),
Fergusonite.

Dans sa *Cristallographie,* M. G. Rose y ajoute l'humboldtilite.

Ce groupe est caractérisé par l'hémiédrie des formes $\{gho\}$ et $\{ghk\}$: l'hémiédrie est à faces parallèles, et désignée par $\pi\{ghk\}$ dans la *Cristallographie* de M. Miller.

En général, dans le système quaternaire, l'hémiédrie à faces parallèles d'une forme oblique $\{ghk\}$ suffit pour indiquer l'hémiaxie centrée : car, dans tous les autres groupes mériédriques de ce système, l'hémiédrie est à faces inclinées.

Polyèdre $[\Lambda^2, 2 L^2, o C, 2 P']$, *hémiaxie dichosymétrique de première espèce.* — D'après M. Frankenheim (**), l'édingtonite appartiendrait à ce groupe.

Polyèdre $[\Lambda^2, 2 L'^2, o C, 2 P]$, *hémiaxie dichosymétrique de deuxième espèce.* — A ce groupe appartient la molécule du cuivre pyriteux.

(*) *Mémoires des Savants étrangers,* tome VIII, page 687.

(**) *Poggendorff's Annalen,* tome LXII, page 282.

Les formes hémiédriques qui le caractérisent sont $\{gok\}$ et $\{ghk\}$: si l'hémiaxie était de première espèce, l'hémiédrie ne porterait plus sur la forme $\{gok\}$, mais sur la forme $\{ggk\}$.

La forme parallèle $\{101\}$ est très-dominante dans le cuivre pyriteux, et donne un octaèdre à base carrée ; elle y est très-souvent hémiédrique, et se change alors en un tétraèdre à quatre triangles isocèles, presque régulier.

Les quadratoctaèdres, placés sur les angles du noyau primitif (forme primitive d'Haüy) et de notation $\{ggk\}$, ne sont pas hémiédriques.

Les formes hémiédriques de l'hémiaxie dichosymétrique de première espèce sont représentées par le symbole $\varkappa\{ghk\}$, et celles de la deuxième espèce par le symbole $\varkappa'\{ghk\}$, dans la *Cristallographie* de M. Miller.

Polyèdre $[\Lambda^4, 2L^2, 2L'^2, 0C, 0P]$, *holoaxie hémisymétrique.* — D'après M. Frankenheim (*), la wernérite devrait être rangée dans ce groupe.

Les autres formes mériédriques du système quaternaire n'ont pas encore été observées sur des substances cristallisées.

Système ternaire.

On ne connaît que deux sortes de mériédrie dans le système ternaire.

Polyèdre $[\Lambda^3, 0L^2, C, 0P]$, *hémiaxie centrée.* — A ce groupe paraissent appartenir la craïtonite, et, d'après M. Frankenkeim, le cuivre dioptase (**).

Ce genre d'hémiédrie est caractérisé par cette circonstance, que toutes les formes $\{ghik\}$, $\{go\bar{g}k\}$ non parallèles à l'axe ternaire sont des rhomboèdres, celles $\{ghio\}$, $\{11\bar{2}0\}$ parallèles à cet axe, des prismes hexaèdres réguliers. On sait, en effet, que dans cette substance toutes les formes obliques sont des rhomboèdres de même axe principal, mais dont les axes secondaires sont placés irrégulièrement ; les prismes sont à six pans et réguliers (***).

Si l'on supposait que la craïtonite et le dioptase cristallisent dans le système sénaire, ces espèces minérales appartiendraient à la *tétartoaxie centrée,* et les formes seraient tétartoédriques.

Polyèdre $[\Lambda^3, 0L^2, 0C, 3P]$, *hémiaxie dichosymétrique.* — Ce genre

---

(*) *Poggendorff's Annalen,* tome LXII, page 282.

(**) *Poggendorff's Annalen,* tome LXII, page 287.

(***) NAUMANN, *Elemente der Mineralogie,* pages 47 et 382.

de symétrie s'observe sur la tourmaline. On le reconnaîtra à ce signe que toutes les formes, sauf le prisme $\{11\bar{2}0\}$, sont hémiédriques.

Les deux sommets du cristal sont dissymétriques : les formes du pointement supérieur ne se répètent pas sur l'inférieur, et *vice versâ*. La forme normale $\{0001\}$ est aussi hémiédrique, de sorte que l'un des sommets peut être tronqué horizontalement, sans que l'autre le soit.

L'hémiédrie de la tourmaline est à faces inclinées, et dénotée par le symbole $\varkappa\{ghk\}$ dans la *Cristallographie* de M. Miller.

Le type le plus simple à adopter pour son polyèdre moléculaire est un tétraèdre dont la base triéquiangle porterait à ses sommets trois atomes de même espèce, tandis que le quatrième atome serait également distant des trois précédents.

Système terbinaire.

Polyèdre $[A^2, 0L^2, 0C, P, P']$, *hémiaxie dichosymétrique*. — La topaze et la calamine possèdent ce genre de symétrie.

Les formes parallèles à l'axe A^2, savoir $\{gh0\}$, $\{100\}$, $\{010\}$, sont les seules qui soient holoédriques. Toutes les autres sont hémiédriques; il en résulte que les sommets opposés sont dissymétriques, et que les faces d'un sommet n'ont pas en général de faces qui leur correspondent vers le sommet opposé; cette circonstance s'est déjà rencontrée sur la tourmaline.

Cette hémiédrie est à faces inclinées; elle est désignée par le symbole $\sigma\{ghk\}$, dans la *Cristallographie* de M. Miller.

On peut prendre, comme type du polyèdre moléculaire, un triangle isocèle vertical, dont la base portera à ses extrémités deux atomes de même espèce, tandis que l'atome impair, d'autre espèce, en formera le sommet.

Polyèdre $[A^2, L^2, L'^2, 0C, 0P]$, *holoaxie hémisymétrique*. — A ce groupe appartiennent la manganite, le sulfate de magnésie, celui de zinc, celui de nickel, etc., ainsi que l'oxalate neutre d'ammoniaque (*), les bitartrates d'ammoniaque, de soude, de potasse (**), l'asparagine, le glucosate de sel marin, et le formiate de strontiane (***). Il est probable que la

(*) La Provostaye, *Annales de Chimie et de Physique*, 3ᵉ série, tome IV, page 455.

(**) Pasteur, *Annales de Chimie et de Physique*, tome XXIV, page 455.

(***) Pasteur, *Annales de Chimie et de Physique*, tome XXXI, page 67.

liste de ces sels hémiédriques est destinée à recevoir une plus grande extension par des observations ultérieures.

L'hémiédrie ne porte que sur les formes obliques $\{ghk\}$ lesquelles, d'octaédrales, se changent en des sphénoïdes. M. Miller désigne ces formes à faces inclinées par le symbole $\varkappa\{ghk\}$.

Dans ces cristaux on retrouve à chaque sommet les faces du sommet opposé, mais disposées dans un ordre inverse. Comme les trois axes binaires de l'Assemblage existent aussi dans le polyèdre moléculaire, un quelconque de ces trois axes peut être à volonté choisi pour axe principal, et placé dans une situation verticale. La même indécision existe pour les cristaux terbinaires holoédriques.

Le polyèdre moléculaire le plus simple à imaginer, dans le mode de symétrie actuel, consiste en quatre atomes de même espèce dont le lieu se déterminera de la manière suivante. Soit une droite MM′ (*fig.* 18), divisée au point X en deux segments égaux par sa plus courte distance OX à une droite fixe AOA′ : faites tourner OXMM′ de 180 degrés autour de AA′, de sorte que MM′ vienne en NN′ et OX en OX_1. Les points M, M′, N, N′ seront les lieux des quatre atomes de la molécule, et formeront un tétraèdre à quatre triangles égaux, ou sphénoïde, dont les trois axes binaires seront AOA′, XOX_1, et la droite menée par O normalement au plan de ces deux dernières. Lorsque la molécule entre dans l'Assemblage cristallin, ces trois axes viennent coïncider avec les trois axes binaires de cet Assemblage.

Ce mode de génération a beaucoup d'analogie avec celui que nous avons décrit, page 142, pour la molécule du quartz.

Système binaire.

Polyèdre $[\Lambda^2, 0C, 0P]$, *holoaxie hémisymétrique.* — Dans ce groupe viennent se ranger un assez grand nombre de substances organiques :

Acide tartrique,
Sucre cristallisé,
Tartrate neutre d'ammoniaque (*),
Tartrate neutre de potasse,

(*) Pasteur, *Annales de Chimie et de Physique*, 3e série, tome XXIV, page 444.

Tartrate double de potasse et d'ammoniaque,
Tartrate double de soude et d'ammoniaque,
Tartrate double de soude et de potasse,

et probablement plusieurs autres sels ou acides végétaux.

Ce genre d'hémiédrie se reconnaîtra à la dissymétrie des sommets. Les formes $\{ghi\,o\}$ parallèles à l'axe Λ^2 restent holoédriques; mais tout le système des faces situées à l'une des extrémités de l'axe de cette zone peut différer du système des faces situées à l'autre extrémité; la troncature supérieure $\{0001\}$ peut ne pas se reproduire sur le sommet inférieur. Ces formes hémiédriques reçoivent la notation symbolique $\sigma\,\{ghk\}$ dans la *Cristallographie* de M. Miller.

Le type moléculaire le plus simple est quadriatomique : on peut employer le mode de génération de la page précédente, pourvu que M et M′ (*fig.* 18) soient des atomes d'espèces différentes ou inégalement distants de X; la droite AA′ est alors le seul axe de symétrie du tétraèdre ainsi obtenu.

Système asymétrique.

L'hémiédrie, dans le système asymétrique, consistera en ce que les faces seront en général non accompagnées de leurs parallèles; il faut toutefois que la disparition de ces faces parallèles ne puisse être regardée comme un avortement accidentel. Je ne connais aucune observation d'où l'on puisse conclure que le polyèdre moléculaire [oL, oC, oP] se rencontre dans les substances cristallisées. Quelques minéralogistes (*) pensent que l'axinite appartient à ce groupe; mais cette opinion paraît principalement fondée sur les propriétés pyroélectriques de cette substance.

(*) Frankenheim, *Poggendorff's Annalen*, tome LVI, page 178.

TROISIÈME PARTIE (*).

DES MACLES ET DES HÉMITROPIES.

§ I. — *Des cristaux maclés par hémitropie moléculaire.*

Concevons que des molécules de même espèce viennent à se grouper régulièrement et à cristalliser dans un système déterminé; construisons l'Assemblage géométrique des lignes qui réunissent les centres de gravité de ces molécules, et par un de ses Sommets que je nommerai Σ, menons les axes et plans de symétrie de l'Assemblage, formant un système provisoirement fixe, et que je représenterai par A.

La molécule dont le centre vient se fixer en Σ possède certains éléments de symétrie S_c qui lui sont communs avec l'Assemblage; mais, si le cristal est mériédrique, il existe d'autres éléments, dénotés par le symbole S_a, et qui appartiennent uniquement à l'Assemblage.

Une fois le centre de la molécule fixé en Σ, elle tournera autour de ce point jusqu'à ce que ses éléments de symétrie S_c viennent coïncider avec les éléments homologues dans l'Assemblage cristallin. Demandons-nous si cette superposition ne peut s'effectuer que d'une seule manière, ou s'il existe deux ou plusieurs modes de coïncidence réellement distincts, c'est-à-dire tels que les lieux des sommets du polyèdre moléculaire autour du centre Σ soient différents.

Pour le découvrir, fixons ce polyèdre dans une première position que je nommerai p, et qui réalise les conditions de coïncidence que nous venons d'indiquer. Puis, laissant ce polyèdre immobile, faisons tourner l'Assemblage autour de Σ, en lui donnant successivement toutes les rotations qui le ramènent en coïncidence avec lui-même, et soit A' l'une des nouvelles positions ainsi obtenues. Dans ce passage de A en A', les molécules sont restées invariables dans leurs positions, et ainsi l'équilibre moléculaire subsiste après comme avant. Ramenons maintenant l'Assemblage à sa première position par une rotation inverse autour de Σ, rotation à laquelle participeront, cette fois, tous les

(*) Communiquée à la Société Philomathique, le 8 juin 1850.

polyèdres moléculaires supposés maintenant liés avec l'Assemblage. Après que cette rotation aura été effectuée, l'équilibre moléculaire n'aura pas cessé d'exister, les centres des molécules recoïncideront avec les Sommets de l'Assemblage qui aura repris sa position initiale A; mais chaque polyèdre moléculaire, et, en particulier, celui dont le centre est en Σ aura, par rapport à l'espace absolu, une nouvelle position p' : il s'agit de savoir si elle est distincte de la position p.

L'axe L^q autour duquel ont eu lieu les deux rotations successives et inverses de l'Assemblage appartient nécessairement à la symétrie de cet Assemblage, qui se dénote au moyen du symbole $[S_c, S_a]$.

Si cet axe est un des éléments de la symétrie S_c, cela veut dire qu'il est aussi un axe d'ordre q pour le polyèdre moléculaire; donc une rotation égale à $\frac{360^\circ}{q}$ ou à l'un des multiples de cet arc ramènera les sommets du polyèdre à leurs mêmes lieux apparents; donc alors les deux polyèdres p et p' se superposeront, et l'on n'aura point obtenu un nouveau mode de coïncidence du polyèdre relativement aux axes et plans de l'Assemblage fixe.

Si au contraire l'axe L^q est un des éléments de la symétrie S_a, un de ces axes que nous avons nommés « axes déficients » de l'Assemblage, il n'appartiendra plus à la symétrie du polyèdre moléculaire; d'où il résulte que, lorsqu'on ramènera l'Assemblage dans sa première position, de A' en A, le polyèdre, ayant tourné autour d'une droite étrangère à sa symétrie, n'occupera plus le même lieu dans l'espace. De là résulte ce théorème :

Pour obtenir les diverses manières dont le polyèdre moléculaire peut venir se ranger par rapport aux axes de l'Assemblage, on doit, en partant de l'une des positions possibles de ce polyèdre, le faire tourner successivement autour des axes déficients de l'Assemblage.

Toutefois il importe de remarquer que plusieurs des solutions ainsi obtenues peuvent rentrer les unes dans les autres. Pour découvrir celles qui sont essentiellement distinctes, nous raisonnerons de la manière suivante :

Soit s un sommet quelconque du polyèdre moléculaire, et soient $s', s'', \ldots$ ses homologues par rapport aux éléments de symétrie S_c : on peut toujours considérer ces sommets comme étant les pôles d'une certaine forme mériédrique $\mu\{ghk\}$ correspondant au polyèdre donné; les caractéristiques g, h, k étant choisies de manière que le pôle de (ghk) coïncide avec s, les pôles des autres faces identiques à (ghk) coïncideront avec s', s'',..., le mode de dérivation étant le même de part et d'autre. Or toutes les fois que l'on fait tourner de 180 degrés la forme $\mu\{ghk\}$ autour de l'un des axes binaires déficients de l'Assemblage, on obtient l'une des formes conjuguées de $\mu\{ghk\}$ (*voyez* ci-dessus, page 220) : les pôles de cette forme représentent les positions prises dans l'espace par le système des sommets s, s', s'',... après la demi-révolution du polyèdre p autour de l'axe binaire. Ce qui vient d'être dit relativement à un seul système de sommets homologues dans le polyèdre p s'appliquerait de même à tous les autres systèmes de sommets homologues que pourrait posséder le polyèdre p. D'où l'on voit qu'à chaque forme conjuguée correspond une position distincte du polyèdre p, et, par suite, l'on peut énoncer le théorème suivant :

Le nombre de positions essentiellement distinctes que peut prendre le polyèdre moléculaire par rapport à l'Assemblage, sans en troubler la structure et l'équilibre, est égal à l'unité augmentée du nombre des formes conjuguées que possède une forme oblique quelconque $\mu\{ghk\}$ correspondant à la symétrie de ce polyèdre.

Si le polyèdre est holoaxe, il ne pourra prendre que la position unique p.

Si le polyèdre est hémiaxe, il sera susceptible de deux positions distinctes p, p'.

Enfin les polyèdres tétartoaxes pourront se ranger, par rapport à l'Assemblage, de quatre manières différentes, suivant les positions p, p', p'', p'''.

Ce dernier cas ne peut d'ailleurs se présenter que pour le polyèdre moléculaire de la forme $[\Lambda^3, 0L^2, 0C, 0P$ ou Π ou $3P]$ cristallisant dans le système sénaire.

En faisant tourner un tel polyèdre de 180 degrés autour de l'axe principal de l'Assemblage, on l'amènera dans la position p'.

En le faisant tourner de 180 degrés autour de l'un des axes $3L^2$ de l'Assemblage, on le fera passer à la position p''.

Enfin en le faisant tourner de 180 degrés autour de l'un des axes $3L'^2$, il viendra prendre la position p'''.

Je mentionne ces résultats à un point de vue purement théorique; car aucune cristallisation tétartoaxe n'a encore été observée dans la nature, à moins que l'on ne veuille supposer que la tourmaline ou la craïtonite appartiennent au système sénaire. Ainsi, je me bornerai à examiner le cas des polyèdres hémiaxes, lesquels peuvent s'orienter de deux manières distinctes par rapport aux Sommets fixes de l'Assemblage.

Concevons que, dans toute la partie droite d'un cristal hémiaxe, les molécules aient pris la position p : dans toute cette étendue, les lignes homologues des molécules sont parallèles entre elles. Concevons de plus que, dans toute la partie gauche, les molécules aient adopté la position p' : les lignes homologues des molécules, dans cette partie du cristal, auront cessé d'être parallèles aux lignes homologues des molécules situées dans l'autre partie ; en d'autres termes, une molécule du système p transportée parallèlement à elle-même, et centre sur centre, sur une molécule du système p', ne coïncidera point avec elle, sommets sur sommets : les conditions de constitution générale des corps régulièrement cristallisés se trouveront donc ici en défaut, et l'on devra regarder cette association des deux systèmes de molécules p et p' comme formant deux cristaux distincts qui se sont pénétrés mutuellement.

Ce qu'il importe de remarquer, c'est que, dans une telle macle, tous les axes et plans de symétrie de l'Assemblage, et en général toutes les lignes cristallographiques courent sans interruption d'une extrémité du cristal à l'autre.

Je désigne un tel phénomène sous le nom de *macle par hémitropie moléculaire,* qui n'est que la traduction exacte des faits qui se sont produits dans l'intérieur du cristal ; le terme d'*hémitropie* est justifié par cette circonstance, que le polyèdre de position p' peut toujours être considéré comme provenant d'une rotation de 180 degrés du polyèdre p autour d'un axe convenablement choisi de l'Assemblage : cela résulte de cette remarque générale, déjà faite dans la note de la page 119, qu'il existe toujours des axes binaires dans la symétrie déficiente d'un polyèdre moléculaire non holoaxe.

On reconnaîtra aux signes suivants le genre de pénétration mutuelle que nous venons d'indiquer. Soit $\mu\{ghk\}$ une forme mériédrique qui se montre dans la partie du cristal où se trouvent les polyèdres moléculaires de position p : sa forme conjuguée $\mu'\{ghk\}$ devra se produire dans la partie opposée du cristal, puisque cette forme dérive de $\mu\{ghk\}$ par la même rotation de 180 degrés qui amène p dans la position p'. Les deux formes hémiaxes conjuguées $\mu\{ghk\}$, $\mu'\{ghk\}$ qui recouvrent, l'une le flanc droit, l'autre le flanc gauche du cristal, seront parallèles aux faces alternatives de la forme holoaxe $\{ghk\}$, comme si la partie gauche du cristal avait été dérivée de sa partie droite par une rotation de 180 degrés autour de l'un des axes binaires déficients du système.

Voyons maintenant si les observations consignées dans les Traités ou Mémoires de cristallographie mentionnent de telles pénétrations de cristaux.

Polyèdre $[3L^2, 4L^3, C, 3P^2]$. — La symétrie déficiente de ce polyèdre est exprimée par $[3L^{2\cdot 2}, 6L'^2, 6P]$; d'où l'on voit que le polyèdre primitif p donne le polyèdre p',

Soit par une rotation de 90 degrés autour de l'un des trois axes quaternaires de l'Assemblage ;

Soit par une rotation de 180 degrés autour de l'un de ses six axes binaires ;

Soit enfin en se reproduisant symétriquement par rapport à l'un des plans 6P. De ces trois modes de dérivation, nous nous bornerons à conserver le mode de dérivation par hémitropie, qui suffit à l'explication du phénomène.

Lorsque deux cristaux de cette nature se maclent ainsi par hémitropie moléculaire, les deux hémitétrakishexaèdres de même espèce qui caractérisent l'hémiédrie des deux cristaux emboîtés sont parallèles aux faces alternatives de la forme holoédrique $\{gho\}$. Ce cas se présente quelquefois dans la pyrite de fer (voyez *Cristallographie* de Miller, n° 240), et j'en ai eu moi-même des exemples sous les yeux.

Polyèdre $[3L^2, 4L^3, oC, 6P]$. — La symétrie déficiente est exprimée par le symbole $[3L^{2\cdot 2}, 6L^2, C, 3P^2]$; d'où l'on voit que le polyèdre de position p' peut dériver du polyèdre de position p,

Soit par une rotation de 90 degrés autour de l'un des axes quaternaires de l'Assemblage ;

Soit par une rotation de 180 degrés autour de l'un de ses six axes binaires ;

Soit en se reproduisant inversement par rapport au centre C ;

Soit enfin par reproduction symétrique relativement à l'un des trois plans $3P^2$. Nous nous bornerons au mode de génération hémitropique.

Lorsqu'un tel cristal éprouve l'hémitropie moléculaire, les formes hémiaxes dichosymétriques (tétraèdre, triakistétraèdre, etc.) se juxtaposent de manière à offrir des faces parallèles deux à deux.

M. Miller cite un tel exemple emprunté à un cristal de diamant (voyez *Cristallographie*, n° 239). On peut voir aussi de tels cristaux de cuivre gris figurés par M. Dufrénoy (Atlas de Minéralogie, *Pl.* CXXIV, *fig.* 442).

Polyèdre $[\Lambda^3, 3L^2, 0C, 0P]$. — Les axes déficients de ce polyèdre sont représentés par le symbole $[\Lambda^{3\,2}, 3L'^2]$; d'où l'on voit que l'on peut faire dériver le polyèdre p' du polyèdre p,

Soit par une rotation de 60 ou de 180 degrés autour de l'axe principal;

Soit par une rotation de 180 degrés autour de l'un des axes L'^2. De ces trois modes de dérivation, le plus simple est la demi-rotation autour de l'axe ternaire du polyèdre moléculaire.

Ce genre d'hémitropie est assez fréquent dans le quartz, et notamment sur les quartz maclés de Jéricksau (*), où l'une des moitiés du cristal paraît en effet avoir tourné de 180 degrés autour de l'axe principal pour venir coïncider avec l'autre moitié.

Pour mieux faire comprendre la nature d'une telle hémitropie, j'ai construit le dessin (*fig.* 19) qui représente un plan réticulaire de l'Assemblage des molécules du quartz, mené normalement à son axe principal. A droite de la ligne brisée $\alpha\beta\gamma\delta$, toutes les molécules sont censées placées dans la position p; des six atomes de la molécule supposée hexatomique (*voyez* ci-dessus, page 142), les trois situés au-dessous du plan du dessin sont figurés par les pointes des flèches, les trois autres situés au-dessus du même plan sont censés placés aux extrémités opposées. Dans toute la partie située à gauche de $\alpha\beta\gamma\delta$, les molécules sont tournées dans la position p'. Les Rangées qui forment comme les fils du Réseau sont représentées par trois systèmes de droites se coupant sous l'angle de 60 degrés en chacun des Sommets du Réseau. Dans toute la partie p du système, ces lignes sont figurées pleines; au delà, dans la partie p', elles deviennent pointillées; il importe de remarquer que ces Rangées n'éprouvent d'ailleurs aucune interruption, malgré l'hémitropie des molécules situées au delà de $\alpha\beta\gamma\delta$. Il est facile de voir qu'il en est de même pour les Rangées non situées dans le plan de la figure, et qui traversent obliquement ce plan dans une direction ascendante ou descendante. On remarquera aussi que la ligne $\alpha\beta\gamma\delta$ peut être quelconque; cependant, si

(*) GUSTAVE ROSE, dans les *Poggendorff's Annalen*, tome LXII, page 333.

l'on tient compte de cette circonstance, que l'accroissement du cristal se fait surtout par séries parallèles aux trois côtés de la maille triangulaire du Réseau, il y aura lieu de penser que le plus souvent cette droite se décomposera en tronçons successifs parallèles à ces côtés.

J'ai supposé, dans ce qui précède, que la molécule du quartz cristallisait dans le système sénaire; l'opinion contraire, savoir, que le noyau du quartz est un rhomboèdre, ayant prévalu en général auprès des physiciens, voyons si la même explication peut s'appliquer à l'hypothèse d'une cristallisation ternaire. Suivant cette manière de voir, le quartz devient un cristal holoaxe, et l'hémitropie moléculaire ne peut plus avoir lieu sans amener la discontinuité des Rangées de l'Assemblage, à partir de la surface de séparation qui laisse d'un côté les molécules de position p, de l'autre celles de position p'; à la vérité, cette discontinuité ne porterait pas sur les Rangées situées dans le plan normal à l'axe principal, mais elle aurait lieu pour toutes les Rangées obliques à ce plan.

Or il me paraît bien probable que, dans les macles du quartz, les Rangées se continuent sans interruption à travers les deux cristaux emboîtés; leur soudure est tellement intime, il y a si peu de tendance au clivage ou au miroitement suivant le joint qui les réunit, l'analogie de structure avec les macles des autres cristaux hémiaxes, et avec les macles par inversion dont je parlerai bientôt est si grande, que je n'hésite pas à ranger le quartz parmi les cristaux hémiaxes du système sénaire (*).

Les résultats des expériences de Savart sur le quartz s'expliquent d'ailleurs d'une manière très-satisfaisante, dans cette manière de voir, par la considération de l'hémiaxie de son polyèdre moléculaire.

Polyèdre $[\Lambda^6, 0L^2, C, \Pi]$. — Les axes déficients d'un tel polyèdre sont représentés par le symbole $[3L^2, 3L'^2]$; d'où l'on voit que le polyèdre de position p' dérive du polyèdre de position p,

Par une rotation de 180 degrés autour de l'un quelconque des six axes binaires de l'Assemblage. Lorsqu'un tel cristal se macle avec lui-même par hémitropie moléculaire, l'une des moitiés paraît provenir de l'autre par une rotation de 180 degrés autour de l'un quelconque de ces axes binaires.

(*) L'ordre de prédominance des faces est d'ailleurs conforme à ce résultat.

Je ne connais pas d'exemple d'une telle hémitropie, mais il est probable que l'on pourra l'observer, par exemple, sur des cristaux d'apatite.

Polyèdre $[\Lambda^4, 0L^2, C, \Pi]$. — Les axes déficients d'un tel polyèdre sont représentés par le symbole $[2L^2, 2L'^2]$; d'où l'on voit que l'on peut faire dériver le polyèdre p' du polyèdre p,

Au moyen d'une rotation de 180 degrés effectuée autour de l'un quelconque des quatre axes binaires de l'Assemblage quaternaire.

La seconde moitié du cristal paraît alors coïncider avec la position que prendrait la première moitié après avoir tourné de 180 degrés autour d'une droite normale à l'une des faces (100), (010), (110), $(1\bar{1}0)$. Ce genre d'hémitropie se rencontre quelquefois dans le schéelin calcaire (*voyez* Miller, *Cristallographie*, n° 246).

Polyèdre $[\Lambda^2, 2L'^2, 0C, 2P]$. — Les axes déficients de ce polyèdre sont représentés par le symbole $[\Lambda^{2.2}, 2L^2]$; d'où l'on conclura que le polyèdre p' dérive du polyèdre p, de deux manières distinctes,

Soit par une rotation de 90 degrés dans un sens ou dans l'autre autour de l'axe principal;

Soit par une rotation de 180 degrés autour de l'un des deux axes binaires de première espèce, c'est-à-dire autour de l'un des deux axes déficients de l'Assemblage.

Le cuivre pyriteux offre des exemples de ce genre d'hémitropie. La seconde moitié du cristal paraît être identique avec la première moitié qui aurait tourné de 180 degrés autour d'un axe normal aux faces de celui des deux prismes à base carrée qui est couronné par des pointements hémiédriques, c'est-à-dire autour d'un axe normal à la face (100) ou à la face (010) (voyez *Cristallographie* de Miller, n° 245).

Polyèdres $[\Lambda^3, 0L^2, C, 0P]$ et $[\Lambda^3, 0L^2, 0C, 3P]$. — Ces polyèdres représentent les molécules de la craïtonite et de la tourmaline (*voyez* page 145). Comme nous avons admis que ces substances cristallisaient dans le système ternaire, leur symétrie déficiente, en ce qui concerne les axes, sera représentée par $[3L^2]$: d'où l'on voit que le polyèdre de position p passera à la position p', par une rotation de 180 degrés autour de l'un quelconque des trois axes binaires de l'Assemblage.

Je ne connais pas d'exemple d'une telle hémitropie; mais il est probable qu'elle se rencontrera sur la tourmaline.

Polyèdre $[A^2, oL^2, oC, P, P']$. — Les axes déficients de ce polyèdre ont pour symbole $[L^2, L'^2]$; d'où l'on voit que l'on fera passer le polyèdre p à la position p', en le faisant tourner de 180 degrés autour de l'un des deux axes déficients de l'Assemblage.

On peut alors considérer la seconde moitié du cristal maclé comme dérivant de la première par une demi-révolution autour de l'un de ces deux axes. M. Dufrénoy (*) cite un cristal maclé de calamine dont la symétrie est précisément celle que nous venons d'indiquer.

Les cristaux ayant pour polyèdre moléculaire $[A^2, L^2, L'^2, oC, oP]$ ou $[A^2, oC, oP]$ sont holoaxes, et ne peuvent offrir de macle par hémitropie moléculaire.

La théorie que nous venons de développer rend donc un compte satisfaisant de ces divers faits d'hémitropie, dont l'interprétation était restée incertaine pour les minéralogistes.

§ II. — *Des cristaux maclés par inversion moléculaire.*

Nous avons vu, dans le paragraphe précédent, comment on pouvait, sur le même Assemblage cristallin, disposer de deux manières différentes (lorsque le polyèdre moléculaire est hémiaxe) les molécules de la substance cristallisante, sans altérer les conditions d'équilibre, mais en employant toujours dans ce but *les mêmes molécules.*

On peut encore, dans certains cas, obtenir une double solution pour l'équilibre moléculaire, en conservant le même Assemblage, mais en prenant, cette fois, d'autres molécules non superposables aux premières et qui, cependant, pourront être regardées comme identiques avec elles.

Soit p le polyèdre moléculaire, et soit π son polyèdre *inverse,* obtenu en joignant chaque sommet ou atome de p avec le centre de gravité du polyèdre, et prolongeant la droite de jonction d'une quantité égale à elle-même; tantôt on pourra passer de p à π par des rotations convenablement

(*) *Traité de Minéralogie*, tome II, page 607.

effectuées, et alors la molécule p et la molécule π ne seront que la même molécule différemment orientée; tantôt au contraire on ne pourra transformer p en π par aucune sorte de rotation, et alors les molécules p et π seront essentiellement distinctes, quoique cependant la disposition des atomes soit identique de part et d'autre.

Le premier cas se réalisera toutes les fois que le polyèdre p sera du genre de ceux que nous avons appelés « centrés », ou « dichosymétriques »; car alors il possédera soit un centre, soit un plan de symétrie, et par conséquent il sera toujours susceptible de coïncider avec son inverse.

Le second cas se réalisera toutes les fois que le polyèdre p sera hémisymétrique.

Dans les cristaux holoaxes hémisymétriques, à la position p correspond évidemment une seule position de l'inverse π.

Dans les cristaux hémiaxes hémisymétriques, aux positions p, p' correspondent les deux positions π, π' de la molécule inverse.

De même dans les cristaux tétartoaxes hémisymétriques, aux positions p, p', p'', p''' du polyèdre primitif ou direct correspondraient les positions π, π', π'', π''' du polyèdre inverse.

Concevons maintenant que toute la partie droite d'un cristal hémisymétrique soit formée avec des molécules de forme p, et que toute la partie gauche soit formée avec des molécules inverses et de forme π; concevons en outre que π dérive de p par une génération inverse, obtenue au moyen d'un centre C, ou d'un plan de symétrie P. Si l'on compare dans les deux demi-cristaux accolés les parties homologues relativement à ce centre ou à ce plan, on verra que les lignes homologues des deux moitiés de l'Assemblage sont disposées inversement par rapport à ce centre ou à ce plan, attendu que ce centre ou ce plan font partie des éléments de symétrie de l'Assemblage; les lignes homologues des molécules p et π satisfont, par construction, à la même condition; donc l'équilibre sera le même dans chaque moitié. D'où l'on conçoit la possibilité d'une juxtaposition de deux cristaux à molécules p et à molécules π, tellement intime que les Rangées de l'un des cristaux soient l'exacte continuation de celles de l'autre, tous les axes et plans de symétrie traversant le double cristal sans interruption, et l'Assemblage reparaissant unique dès qu'on réduit par la pensée toutes ses molécules à leurs centres.

On peut désigner ce genre particulier d'emboîtement sous le nom de *macle par inversion moléculaire,* pour le distinguer de la macle par hémitropie moléculaire; la pénétration mutuelle des deux cristaux n'est pas moins intime dans l'un de ces deux cas que dans l'autre.

Il y a cependant entre eux une différence physique fort importante à noter; la macle par inversion ne pourra se produire qu'à la condition que le milieu cristallisateur contienne les polyèdres moléculaires des deux sortes, directe et inverse : si une seule de ces sortes existe dans les eaux mères, la macle par inversion sera impossible; si au contraire les deux sortes existent simultanément, et à peu près par égales quantités, la macle par inversion pourra se produire sur la majeure partie des cristaux formés.

Les cristaux hémisymétriques actuellement connus appartiennent à trois sortes de polyèdres moléculaires que nous allons successivement considérer, au point de vue que nous venons d'indiquer.

Polyèdre [Λ^3, $3L^2$, oC, oP]. — C'est le polyèdre de la molécule du quartz. Outre son inverse propre π, que l'on peut faire dériver de p au moyen des éléments déficients [C, Π], il offre l'inverse π' de son polyèdre conjugué p', que l'on peut aussi faire dériver de p au moyen des éléments déficients [3P, 3P′]. Par exemple, si l'on se reporte à la *fig.* 17 où MNPM′N′P′ représente le polyèdre primitif p, et si, après avoir construit la droite mXm' symétrique de MXM′ par rapport au plan AOX qui est l'un des plans 3P′, on la fait tourner de 120 et de 240 degrés autour de AOA′, les extrémités m, m' auront décrit l'un des deux inverses, à savoir l'inverse π' du polyèdre p, et en le faisant tourner de 180 degrés autour de AOA′, on obtiendra l'autre inverse π du même polyèdre.

Lorsque deux cristaux de quartz, l'un à molécules de forme p, l'autre à molécules de forme π, viennent à se pénétrer, alors, si dans la première moitié on observe la disposition relative des faces indiquée par la *fig.* 16, on observera dans la deuxième moitié une disposition renversée, en ce sens que l'on retrouvera les mêmes faces et dans le même ordre, pourvu qu'au lieu de tourner autour de l'axe principal dans le sens XYT, on marche dans le sens XTY, en faisant le tour du cristal. Dans l'un des cas, la face plagièdre supérieure x sera située sur la gauche de l'arête verticale à laquelle elle aboutit; dans l'autre cas elle sera située sur sa droite.

C'est d'après cette différence de disposition que M. G. Rose a été conduit à diviser les quartz en *quartz à gauche* et *quartz à droite*.

Ces deux genres de quartz, en se réunissant, produisent une macle par inversion. La polarisation de la lumière fournit, pour étudier de telles macles, des appareils extrêmement sensibles, au moyen desquels on a reconnu que les surfaces de séparation des deux cristaux groupés consistent en des endentements de plans, qui ont une tendance marquée à être parallèles aux faces des pointements sextuples les plus habituels. Le cristal de quartz de la *fig.* 16 est un quartz à gauche, quartz lévogyre des physiciens.

La macle par inversion paraît être encore plus fréquente dans le quartz que la macle par hémitropie; c'est, du reste, le seul cristal connu qui puisse offrir ces deux genres de macles, étant à la fois hémiaxe et hémisymétrique.

Polyèdres $[\Lambda^2, L^2, L'^2, oC, oP]$ *et* $[\Lambda^2, oC, oP]$. — Les macles par inversion des cristaux appartenant à ces deux groupes ont encore été peu étudiées jusqu'ici.

Dans certains cas, la macle ne pourra se produire, attendu que les atomes de la molécule paraissent se disposer constamment de la même manière; c'est ce qui a lieu notamment pour le sucre cristallisé, dont l'hémiédrie offre toujours le même caractère, et sur lequel l'arrangement inverse des faces hémiédriques ne se présente jamais.

Dans d'autres cas, les molécules des deux sortes existent mélangées dans les eaux mères; mais l'acte de la cristallisation disjoint ces molécules avec énergie, de sorte que les unes vont d'un côté former des cristaux d'une certaine espèce, les autres, de l'autre, former des cristaux de l'espèce inverse. Ce fait curieux a été signalé par M. Pasteur, dans la cristallisation de l'acide paratartrique (*).

§ III. — *De l'hémitropie réticulaire.*

L'hémitropie que je nomme *réticulaire*, pour indiquer que c'est l'Assemblage entier avec ses Réseaux et ses polyèdres moléculaires qui tourne de

(*) Il n'est pas non plus impossible que l'acte de la cristallisation réagisse sur la structure moléculaire en la modifiant; certains faits optiques relatifs au quartz, et les observations toutes récentes de M. Pasteur sur le formiate de strontiane, tendraient à faire adopter cette manière de voir.

180 degrés, et non plus simplement la molécule, consiste dans l'accolement de deux cristaux de même espèce, suivant deux de leurs faces planes.

Il n'y a plus ici de pénétration avec endentement des parties, comme dans les cas précédemment examinés; c'est une juxtaposition avec soudure : les axes et lignes homologues des deux Assemblages ainsi rapprochés ne sont plus les prolongements les uns des autres. Toutefois la juxtaposition ne peut se faire, en général, qu'à la condition que les faces venant au contact soient semblables, c'est-à-dire appartiennent à une forme de même désignation; en outre, il faut que les Réseaux des deux faces coïncident, Sommets sur Sommets.

Lorsque les deux plans réticulaires sont ainsi mis en coïncidence, il est clair que l'on peut toujours obtenir un second mode de coïncidence de leurs Réseaux en renversant l'un des Assemblages, par une rotation de 180 degrés autour d'une droite normale au plan de jonction et passant par l'un des Sommets communs aux deux Réseaux superposés.

Si de l'un de ces modes de coïncidence des deux Réseaux il résulte que les deux Assemblages soient le prolongement l'un de l'autre, l'autre mode rendra ces deux Assemblages géométriquement symétriques entre eux, par rapport au plan de jonction; et réciproquement, si l'on débute par le cas des Assemblages symétriques, le retournement de 180 degrés de l'un d'eux leur donnera une orientation identique, de manière à figurer les deux moitiés d'un Assemblage unique.

Lorsque le plan servant de base commune aux deux cristaux est un plan de symétrie de l'Assemblage, alors les deux modes de superposition produisent le même résultat final, savoir, que les deux Assemblages paraissent la continuation l'un de l'autre.

Lorsque les deux cristaux se placent dans la position symétrique, par rapport à la base commune, on dit qu'il y a *hémitropie,* et nous avons ajouté *réticulaire*, pour éviter toute confusion.

Le plan ABCDEG (*fig.* 20), auquel viennent s'arrêter les Rangées parallèles aA, bB, cC, dD,... a reçu le nom de *plan d'hémitropie*. La normale à ce plan menée par un des Sommets A, B, C, D,... a reçu le nom *d'axe d'hémitropie :* en général, cette droite n'est ni un axe de symétrie, ni même une simple Rangée moléculaire. On pourrait, à cause de cela, supprimer la considération de ces axes d'hémitropie; il n'en résulterait pas grand inconvénient pour l'exposition des faits.

Maintenant, à partir de A, B, C, D,..., menons les droites Aa', Bb', Cc',... symétriques de Aa, Bb, Cc,...; il est clair que sur ces nouvelles Rangées nous pourrons construire un Assemblage géométriquement symétrique au précédent, et dont les conditions d'équilibre seront identiques à celles de l'Assemblage primitif.

Haüy a fait la remarque fort juste que l'on pouvait représenter géométriquement ce phénomène, en supposant que l'une des moitiés de l'Assemblage tourne de 180 degrés autour de l'axe d'hémitropie; mais il est clair que c'est là un mouvement purement fictif, et que la coordination moléculaire se fait symétriquement par rapport au plan d'hémitropie.

Dans la nature, les deux Réseaux superposés portent des molécules en chacun de leurs Sommets, de sorte que la coïncidence rigoureuse n'est pas possible : les deux Réseaux, celui qui limite vers le haut le cristal inférieur, et celui qui sert de base inférieure au cristal supérieur, se placent parallèlement l'un à l'autre, les Sommets en regard, et à une distance que déterminent les conditions d'attraction mutuelle : dans l'un des Réseaux, les molécules ont l'orientation propre à celles de leur Assemblage; dans l'autre, celle propre aux molécules de l'autre Assemblage.

Il résulte de ce qui a été dit ci-dessus que le plan d'hémitropie peut être une face quelconque du cristal; mais comme l'explication du phénomène suppose que le plan d'hémitropie a existé comme face-limite à une époque quelconque de la cristallisation, et comme la chance d'être face-limite est loin d'être la même pour tous les plans réticulaires et dépend de la densité de leur tissu, il s'ensuit que le plan d'hémitropie sera presque toujours une face de notation simple, appartenant à une forme normale, ou à une forme parallèle, rarement à une forme oblique. Je vais examiner successivement ces trois cas.

Plan d'hémitropie appartenant à une forme normale. — Si le plan d'hémitropie est normal à un axe d'ordre pair, il est parallèle à un plan de symétrie de l'Assemblage, et alors les deux cristaux, nous l'avons déjà dit, peuvent être considérés comme un cristal unique, les Rangées moléculaires passant de l'un à l'autre sans interruption. Dans ce cas, il ne peut se produire qu'une hémitropie moléculaire, ce qui arrivera si la molécule est hémiaxe. Toutefois, même dans le cas de l'holoaxie, l'accolement pourra se manifester au dehors par des angles dièdres rentrants, adossés au pourtour de la face servant de plan d'hémitropie. C'est ce qui a lieu entre autres dans les groupements réguliers de cristaux de cuivre natif, lesquels s'accolent deux à deux, suivant les faces du dodécaèdre rhomboïdal, normales, comme l'on sait, aux six axes binaires du système. Les groupements des cristaux de neige paraissent se faire suivant une loi analogue. L'accolement pourra aussi se reconnaître à des lignes fines ou striées, telles que celles que l'on observe dans les hémitropies de ce genre, sur l'orthose et la mésolite.

Si le plan d'hémitropie est normal à un axe de symétrie d'ordre impair, c'est-à-dire à un axe ternaire, alors, au lieu de concevoir que la moitié inférieure du cristal a tourné de 180 degrés autour de l'axe ternaire, on peut se borner à lui imprimer une rotation de 60 degrés dont le résultat final sera le même. Haüy avait désigné ce genre d'hémitropie sous le nom de *transposition :* il est fréquent dans les cristaux du système ternaire et du système terquaternaire.

Lorsqu'un cristal dérivant du polyèdre $[\Lambda^3, 0L^2, 0C, 3P \text{ ou } 3P']$ présente une hémitropie normale à l'axe ternaire, ce cristal simule un polyèdre moléculaire $[\Lambda^3, 3L'^2 \text{ ou } 3L^2, 0C, \Pi, 3P \text{ ou } 3P']$. Dans les mêmes circonstances, le polyèdre $[\Lambda^3, 0L^2, 0C, 0P]$ pourra simuler le polyèdre $[\Lambda^3, 0L^2, 0C, \Pi]$; l'observateur devra se tenir en garde contre ces fausses apparences. On reconnaîtra de telles hémitropies, soit par les angles rentrants du cristal, soit par la ligne de suture courant au travers des faces de la zone $\{ghio\}$ qui sépare le sommet supérieur du sommet inférieur, soit enfin, à défaut de ces signes, par l'examen d'un certain nombre d'échantillons qui, si la disposition signalée est purement accidentelle, permettra de rapporter le cristal à la catégorie des cristaux hémitropiques, ou, dans le cas contraire, à celle des cristaux du système ternaire.

Plan d'hémitropie appartenant à une forme orthoparallèle. — Dans le système terquaternaire, les plans d'hémitropie paraissent être toujours parallèles aux axes quaternaires ou binaires.

Dans les systèmes sénaire et ternaire, ces plans, y compris le cas de perpendicularité à l'axe ternaire, sont toujours parallèles à l'un des trois axes de la symétrie binaire. Exemples : le quartz, la chaux carbonatée, la dolomie; tantôt le plan d'hémitropie est l'une des faces du prisme hexaèdre régulier, tantôt il est parallèle à l'une des faces du rhomboèdre primitif.

Il en est de même dans le système quaternaire : le plan d'hémitropie est parallèle à l'une des faces de l'un des deux octaèdres de premier ou de second ordres. Exemples : l'oxyde d'étain, le rutile, l'hausmanite.

La même loi s'applique aux cristaux du système terbinaire; le plan d'hémitropie est parallèle à l'un des trois axes. Exemples : le plomb carbonaté, l'arragonite, l'acerdèse, la faujasite.

Dans tous ces systèmes, je ne connais point d'exemple d'accolement suivant une des faces de la forme oblique $\{ghk\}$.

Dans le système binaire, les plans de presque toutes les hémitropies connues appartiennent à des faces de la zone $\{ghio\}$ qui est parallèle à l'axe binaire du système. Exemples : la chaux sulfatée, l'orthose, le pyroxène, le fer arsenical, le schéelin ferruginé, le cuivre carbonaté vert, l'épidote, le sphène, la vauquelinite.

Plan d'hémitropie appartenant à une forme oblique. — Ce genre d'hémitropie n'a guère lieu que pour des cristaux appartenant au système asymétrique, tels que le disthène, l'anorthite, l'albite. Cependant on en connaît un exemple dans un cristal binaire, l'orthose, où le plan d'hémitropie est parfois parallèle à la face de notation $e^{\frac{1}{2}}$, comme on le voit fréquemment sur les cristaux de Baveno (*).

Les explications que nous venons de donner s'appliquent à l'immense majorité des cas d'hémitropie observés. Il reste cependant quelques formes singulières dont la détermination et l'explication rigoureuses exigeront de nouvelles recherches.

Ainsi, quelquefois la loi générale de l'hémitropie réticulaire est conservée; l'un des cristaux dérive de l'autre par rotation autour d'une ligne normale à une face de notation simple; mais les deux moitiés, au lieu de rester accolées suivant le plan d'hémitropie, semblent s'être pénétrées mutuellement suivant des plans de séparation diversement endentés les uns

(*) Dufrénoy, *Traité de Minéralogie*, tome III, page 346.

dans les autres. Telles sont les macles de la phakolite et de la lévyne; telle aussi une macle de cuivre gris figurée par M. Dufrénoy (*); je me suis assuré que les macles du sucre offrent très-souvent cette singulière disposition.

D'autres fois, la demi-rotation qui fait dériver l'un des demi-cristaux de son voisin, paraît avoir eu lieu autour d'une arête non perpendiculaire aux faces. On peut citer, comme exemple, l'hémitropie de l'orthose par rotation autour de l'arête H des cristallographes (**) : mais comme cette arête est normale à l'axe binaire du système, on peut faire faire au demi-cristal dérivé un demi-tour autour de cet axe binaire, sans troubler son Assemblage, et l'effet total de ces deux rotations équivaudra à une rotation unique de 180 degrés autour de la droite normale au plan des deux premiers axes de rotation, c'est-à-dire à la face h^1 du cristal, de sorte que l'exception n'est qu'apparente. Dans ce cas encore, il se fait une pénétration plus ou moins intime. Je pense qu'il en est de même pour les macles, avec emboîtement, de la bournonite, du plomb carbonaté, de la staurotide, de l'harmotome, de la cimophane, etc.

Ces cas singuliers méritent de fixer l'attention des minéralogistes.

Le résultat de mon travail est donc en définitive que la théorie des molécules discontinues, polyatomiques et de forme symétrique, rend un compte beaucoup plus satisfaisant de l'ensemble des faits cristallographiques que l'ancienne théorie des molécules continues et monoatomiques.

(*) Atlas du *Traité de Minéralogie*, *Pl.* CXXIV, *fig.* 442.

(**) DUFRÉNOY, *Traité de Minéralogie*, tome III, page 347.

TABLEAU N° I.

Valeurs de la quantité Σ^2, carré de l'aire du parallélogramme générateur, pour les principales formes du Système terquaternaire.

MODE HEXAÉDRAL.		MODE OCTAÉDRAL.		MODE DODÉCAÉDRAL.	
FORME	$\Sigma^2 =$	FORME	$\Sigma^2 =$	FORME	$\Sigma^2 =$
{100}	1	{111}	3	{110}	2
{110}	2	{100}	4	{100}	4
{111}	3	{110}	8	{211}	6
{210}	5	{311}	11	{310}	10
{211}	6	{331}	19	{111}	12
{221}	9	{210}	20	{321}	14
{310}	10	{211}	24	{411}	18
{311}	11	{511}	27	{210}	20
{320}	13	{531}	35	{332}	22
{321}	14	{221}	36	{431}	26
{322}	17	{310}	40	{510}	26
{410}	17	{533}	43	{521}	30
{411}	18	{551}	51	{530}	34
{331}	19	{711}	51	{221}	36
{421}	21	{320}	52	{532}	38
{332}	22	{321}	56	{611}	38
{430}	25	{553}	59	{541}	42
{431}	26	{731}	59	{311}	44
{510}	26	{733}	67	{631}	46
{511}	27	{322}	68	{543}	50
{432}	29	{410}	68	{710}	50
{520}	29	{411}	72	{320}	52
{521}	30	{751}	75	{552}	54
{441}	33	{753}	83	{721}	54
{522}	33	{421}	84	{730}	58

Tableau N° II.

Valeurs de la quantité Σ^2, carré de l'aire du parallélogramme générateur, pour les principales formes du Système sénaire, rapporté à ses axes binaires de première espèce, et aux notations à quatre caractéristiques.

FORME	$\Sigma^2 =$	FORME	$\Sigma^2 =$	FORME	$\Sigma^2 =$	FORME	$\Sigma^2 =$	FORME	$\Sigma^2 =$
$\{10\bar{1}0\}$	2	$\{0001\}$	λ	$\{10\bar{1}2\}$	$2+4\lambda$	$\{10\bar{1}3\}$	$2+9\lambda$	$\{10\bar{1}4\}$	$2+16\lambda$
$\{11\bar{2}0\}$	6	$\{10\bar{1}1\}$	$2+\lambda$	$\{11\bar{2}2\}$	$6+4\lambda$	$\{11\bar{2}3\}$	$6+9\lambda$	$\{11\bar{2}4\}$	$6+16\lambda$
$\{21\bar{3}0\}$	14	$\{11\bar{2}1\}$	$6+\lambda$	$\{21\bar{3}2\}$	$14+4\lambda$	$\{20\bar{2}3\}$	$8+9\lambda$	$\{21\bar{3}4\}$	$14+16\lambda$
$\{31\bar{4}0\}$	26	$\{20\bar{2}1\}$	$8+\lambda$	$\{30\bar{3}2\}$	$18+4\lambda$	$\{21\bar{3}3\}$	$14+9\lambda$	$\{30\bar{3}4\}$	$18+16\lambda$
$\{32\bar{5}0\}$	38	$\{21\bar{3}1\}$	$14+\lambda$	$\{31\bar{4}2\}$	$26+4\lambda$	$\{22\bar{4}3\}$	$24+9\lambda$	$\{31\bar{4}4\}$	$26+16\lambda$
$\{41\bar{5}0\}$	42	$\{30\bar{3}1\}$	$18+\lambda$	$\{32\bar{5}2\}$	$38+4\lambda$	$\{31\bar{4}3\}$	$26+9\lambda$	$\{32\bar{5}4\}$	$38+16\lambda$
$\{51\bar{6}0\}$	62	$\{22\bar{4}1\}$	$24+\lambda$	$\{41\bar{5}2\}$	$42+4\lambda$	$\{40\bar{4}3\}$	$32+9\lambda$	$\{41\bar{5}4\}$	$42+16\lambda$
$\{43\bar{7}0\}$	74	$\{31\bar{4}1\}$	$26+\lambda$	$\{50\bar{5}2\}$	$50+4\lambda$	$\{32\bar{5}3\}$	$38+9\lambda$	$\{50\bar{5}4\}$	$50+16\lambda$
$\{52\bar{7}0\}$	78	$\{40\bar{4}1\}$	$32+\lambda$	$\{33\bar{6}2\}$	$54+4\lambda$	$\{41\bar{5}3\}$	$42+9\lambda$	$\{33\bar{6}4\}$	$54+16\lambda$
$\{61\bar{7}0\}$	86	$\{32\bar{5}1\}$	$38+\lambda$	$\{51\bar{6}2\}$	$62+4\lambda$	$\{50\bar{5}3\}$	$50+9\lambda$	$\{51\bar{6}4\}$	$62+16\lambda$
$\{53\bar{8}0\}$	98	$\{41\bar{5}1\}$	$42+\lambda$	$\{43\bar{7}2\}$	$74+4\lambda$	$\{42\bar{6}3\}$	$56+9\lambda$	$\{43\bar{7}4\}$	$74+16\lambda$
»	»	$\{50\bar{5}1\}$	$50+\lambda$	»	»	$\{51\bar{6}3\}$	$62+9\lambda$	»	»
$\{10\bar{1}5\}$	$2+25\lambda$	$\{10\bar{1}6\}$	$2+36\lambda$	$\{10\bar{1}7\}$	$2+49\lambda$	$\{10\bar{1}8\}$	$2+64\lambda$	$\{10\bar{1}9\}$	$2+81\lambda$
$\{11\bar{2}5\}$	$6+25\lambda$	$\{11\bar{2}6\}$	$6+36\lambda$	$\{11\bar{2}7\}$	$6+49\lambda$	$\{11\bar{2}8\}$	$6+64\lambda$	$\{11\bar{2}9\}$	$6+81\lambda$
$\{20\bar{2}5\}$	$8+25\lambda$	$\{2136\}$	$14+36\lambda$	$\{20\bar{2}7\}$	$8+49\lambda$	$\{21\bar{3}8\}$	$14+64\lambda$	$\{20\bar{2}9\}$	$8+81\lambda$
$\{21\bar{3}5\}$	$14+25\lambda$	$\{31\bar{4}6\}$	$26+36\lambda$	$\{21\bar{3}7\}$	$14+49\lambda$	$\{30\bar{3}8\}$	$18+64\lambda$	»	»
$\{30\bar{3}5\}$	$18+25\lambda$	$\{32\bar{5}6\}$	$38+36\lambda$	$\{30\bar{3}7\}$	$18+49\lambda$	$\{31\bar{4}8\}$	$26+64\lambda$	»	»
$\{22\bar{4}5\}$	$24+25\lambda$	$\{41\bar{5}6\}$	$42+36\lambda$	$\{22\bar{4}7\}$	$24+49\lambda$	»	»	»	»
$\{31\bar{4}5\}$	$26+25\lambda$	$\{50\bar{5}6\}$	$50+36\lambda$	$\{31\bar{4}7\}$	$26+49\lambda$	»	»	»	»
$\{40\bar{4}5\}$	$32+25\lambda$	»	»	»	»	»	»	»	»
$\{32\bar{5}5\}$	$38+25\lambda$	»	»	»	»	»	»	»	»

Tableau N° III.

Valeurs de la quantité Σ^2, carré de l'aire du parallélogramme générateur, pour les différentes formes du Système quaternaire.

FORME	$\Sigma^2 =$	FORME	$\Sigma^2 =$	FORME	$\Sigma^2 =$	FORME	$\Sigma^2 =$	FORME	$\Sigma^2 =$
Mode hexaédral, rapporté à ses axes binaires de première espèce.									
{100}	1	{001}	λ	{102}	$1+4\lambda$	{103}	$1+9\lambda$	{104}	$1+16\lambda$
{110}	2	{101}	$1+\lambda$	{112}	$2+4\lambda$	{113}	$2+9\lambda$	{114}	$2+16\lambda$
{210}	5	{111}	$2+\lambda$	{212}	$5+4\lambda$	{203}	$4+9\lambda$	{214}	$5+16\lambda$
{310}	10	{201}	$4+\lambda$	{302}	$9+4\lambda$	{213}	$5+9\lambda$	{304}	$9+16\lambda$
{320}	13	{211}	$5+\lambda$	{312}	$10+4\lambda$	{223}	$8+9\lambda$	{314}	$10+16\lambda$
{410}	17	{221}	$8+\lambda$	{322}	$13+4\lambda$	{313}	$10+9\lambda$	»	»
{430}	25	{301}	$9+\lambda$	{412}	$17+4\lambda$	{323}	$13+9\lambda$	»	»
{510}	26	{311}	$10+\lambda$	{332}	$18+4\lambda$	{403}	$16+9\lambda$	»	»
{520}	29	{321}	$13+\lambda$	{432}	$25+4\lambda$	{413}	$17+9\lambda$	»	»
{530}	34	{401}	$16+\lambda$	{502}	$25+4\lambda$	{423}	$20+9\lambda$	»	»
{610}	37	{411}	$17+\lambda$	{512}	$26+4\lambda$	{433}	$25+9\lambda$	»	»
Mode octaédral, rapporté à ses axes binaires de première espèce.									
{110}	2	{101}	$1+\lambda$	{001}	4λ	{103}	$1+9\lambda$	{114}	$2+16\lambda$
{100}	4	{211}	$5+\lambda$	{112}	$2+4\lambda$	{213}	$5+9\lambda$	{102}	$4+16\lambda$
{310}	10	{301}	$9+\lambda$	{111}	$8+4\lambda$	{323}	$13+9\lambda$	{314}	$10+16\lambda$
{210}	20	{321}	$13+\lambda$	{312}	$10+4\lambda$	{413}	$17+9\lambda$	{334}	$18+16\lambda$
{510}	26	{411}	$17+\lambda$	{201}	$16+4\lambda$	{433}	$25+9\lambda$	{212}	$20+16\lambda$
{530}	34	{431}	$25+\lambda$	{332}	$18+4\lambda$	{503}	$25+9\lambda$	»	»
{710}	50	{501}	$25+\lambda$	{512}	$26+4\lambda$	{523}	$29+9\lambda$	»	»
{320}	52	{521}	$29+\lambda$	{221}	$32+4\lambda$	{613}	$37+9\lambda$	»	»
{730}	58	{611}	$37+\lambda$	{532}	$34+4\lambda$	{543}	$41+9\lambda$	»	»
{410}	68	{541}	$41+\lambda$	{311}	$40+4\lambda$	{703}	$49+9\lambda$	»	»
{750}	74	{631}	$45+\lambda$	{552}	$50+4\lambda$	{723}	$53+9\lambda$	»	»

Tab. N° IV. — *Valeurs de la quantité Σ^2, carré de l'aire du parallélogramme générateur, pour les principales formes du Système ternaire, les axes de symétrie étant pris pour axes cristallographiques.*

FORME	$\Sigma^2 =$	FORME	$\Sigma^2 =$	FORME	$\Sigma^2 =$	FORME	$\Sigma^2 =$	FORME	$\Sigma^2 =$
Notation à quatre caractéristiques, la forme $\{01\bar{1}1\}$ étant le rhomboèdre générateur de l'Assemblage.									
$\{11\bar{2}0\}$	6	$\{01\bar{1}1\}$	$2+\lambda$	$\{10\bar{1}2\}$	$2+4\lambda$	$\{0001\}$	9λ	$\{01\bar{1}4\}$	$2+16\lambda$
$\{10\bar{1}0\}$	18	$\{20\bar{2}1\}$	$8+\lambda$	$\{21\bar{3}2\}$	$14+4\lambda$	$\{11\bar{2}3\}$	$6+9\lambda$	$\{12\bar{3}4\}$	$14+16\lambda$
$\{41\bar{5}0\}$	42	$\{12\bar{3}1\}$	$14+\lambda$	$\{13\bar{4}2\}$	$26+4\lambda$	$\{10\bar{1}1\}$	$18+9\lambda$	$\{31\bar{4}4\}$	$26+16\lambda$
$\{52\bar{7}0\}$	78	$\{31\bar{4}1\}$	$26+\lambda$	$\{32\bar{5}2\}$	$38+4\lambda$	$\{22\bar{4}3\}$	$24+9\lambda$	$\{23\bar{5}4\}$	$38+16\lambda$
$\{71\bar{8}0\}$	114	$\{04\bar{4}1\}$	$32+\lambda$	$\{05\bar{5}2\}$	$50+4\lambda$	$\{14\bar{5}3\}$	$42+9\lambda$	$\{50\bar{5}4\}$	$50+16\lambda$
$\{21\bar{3}0\}$	126	$\{23\bar{5}1\}$	$38+\lambda$	$\{51\bar{6}2\}$	$62+4\lambda$	$\{41\bar{5}3\}$	$42+9\lambda$	$\{15\bar{6}4\}$	$62+16\lambda$
$\{74\overline{11}0\}$	186	$\{50\bar{5}1\}$	$50+\lambda$	$\{43\bar{7}2\}$	$74+4\lambda$	$\{11\bar{2}1\}$	$54+9\lambda$	$\{34\bar{7}4\}$	$74+16\lambda$
$\{31\bar{4}0\}$	234	$\{42\bar{6}1\}$	$56+\lambda$	$\{16\bar{7}2\}$	$86+4\lambda$	$\{02\bar{2}1\}$	$72+9\lambda$	»	»
»	»	$\{15\bar{6}1\}$	$62+\lambda$	$\{35\bar{8}2\}$	$98+4\lambda$	$\{25\bar{7}3\}$	$78+9\lambda$	»	»
»	»	$\{34\bar{7}1\}$	$74+\lambda$	$\{70\bar{7}2\}$	$98+4\lambda$	$\{52\bar{7}3\}$	$78+9\lambda$	»	»
»	»	$\{61\bar{7}1\}$	$86+\lambda$	»	»	$\{44\bar{8}3\}$	$96+9\lambda$	»	»
Notation à quatre caractéristiques, la forme $\{10\bar{1}1\}$ étant le rhomboèdre générateur de l'Assemblage.									
$\{11\bar{2}0\}$	6	$\{10\bar{1}1\}$	$2+\lambda$	$\{01\bar{1}2\}$	$2+4\lambda$	$\{0001\}$	9λ	$\{10\bar{1}4\}$	$2+16\lambda$
$\{10\bar{1}0\}$	18	$\{02\bar{2}1\}$	$8+\lambda$	$\{12\bar{3}2\}$	$14+4\lambda$	$\{11\bar{2}3\}$	$6+9\lambda$	$\{21\bar{3}4\}$	$14+16\lambda$
$\{41\bar{5}0\}$	42	$\{21\bar{3}1\}$	$14+\lambda$	$\{31\bar{4}2\}$	$26+4\lambda$	$\{01\bar{1}1\}$	$18+9\lambda$	$\{13\bar{4}4\}$	$26+16\lambda$
$\{52\bar{7}0\}$	78	$\{13\bar{4}1\}$	$26+\lambda$	$\{23\bar{5}2\}$	$38+4\lambda$	$\{22\bar{4}3\}$	$24+9\lambda$	$\{32\bar{5}4\}$	$38+16\lambda$
$\{71\bar{8}0\}$	114	$\{40\bar{4}1\}$	$32+\lambda$	$\{50\bar{5}2\}$	$50+4\lambda$	$\{41\bar{5}3\}$	$42+9\lambda$	$\{05\bar{5}4\}$	$50+16\lambda$
$\{21\bar{3}0\}$	126	$\{32\bar{5}1\}$	$38+\lambda$	$\{15\bar{6}2\}$	$62+4\lambda$	$\{14\bar{5}3\}$	$42+9\lambda$	$\{51\bar{6}4\}$	$62+16\lambda$
$\{74\overline{11}0\}$	186	$\{05\bar{5}1\}$	$50+\lambda$	$\{34\bar{7}2\}$	$74+4\lambda$	$\{11\bar{2}1\}$	$54+9\lambda$	$\{43\bar{7}4\}$	$74+16\lambda$
$\{31\bar{4}0\}$	234	$\{24\bar{6}1\}$	$56+\lambda$	$\{61\bar{7}2\}$	$86+4\lambda$	$\{20\bar{2}1\}$	$72+9\lambda$	»	»
»	»	$\{51\bar{6}1\}$	$62+\lambda$	$\{53\bar{8}2\}$	$98+4\lambda$	$\{52\bar{7}3\}$	$78+9\lambda$	»	»
»	»	$\{43\bar{7}1\}$	$74+\lambda$	$\{07\bar{7}2\}$	$98+4\lambda$	$\{25\bar{7}3\}$	$78+9\lambda$	»	»
»	»	$\{16\bar{7}1\}$	$86+\lambda$	»	»	$\{44\bar{8}3\}$	$96+9\lambda$	»	»

TABLEAU N° V.

Valeurs de la quantité Σ^2, carré de l'aire du parallélogramme générateur, pour les principales formes du Système ternaire, les arêtes du rhomboèdre générateur étant prises pour axes cristallographiques.

FORME	$\Sigma^2 =$	FORME	$\Sigma^2 =$	FORME	$\Sigma^2 =$	FORME	$\Sigma^2 =$	FORME	$\Sigma^2 =$
Notation à trois caractéristiques, la forme $\{100\}$ étant le rhomboèdre générateur de l'Assemblage.									
$\{1\bar{1}0\}$	6	$\{100\}$	$2+\lambda$	$\{101\}$	$2+4\lambda$	$\{111\}$	9λ	$\{211\}$	$2+16\lambda$
$\{1\bar{2}1\}$	18	$\{1\bar{1}1\}$	$8+\lambda$	$\{2\bar{1}1\}$	$14+4\lambda$	$\{201\}$	$6+9\lambda$	$\{301\}$	$14+16\lambda$
$\{23\bar{1}\}$	42	$\{2\bar{1}0\}$	$14+\lambda$	$\{3\bar{1}0\}$	$26+4\lambda$	$\{2\bar{1}2\}$	$18+9\lambda$	$\{3\bar{1}2\}$	$26+16\lambda$
$\{3\bar{4}1\}$	78	$\{2\bar{2}1\}$	$26+\lambda$	$\{3\bar{2}1\}$	$38+4\lambda$	$\{3\bar{1}1\}$	$24+9\lambda$	$\{4\bar{1}1\}$	$38+16\lambda$
$\{3\bar{5}2\}$	114	$\{3\bar{1}\bar{1}\}$	$32+\lambda$	$\{4\bar{1}\bar{1}\}$	$50+4\lambda$	$\{4\bar{1}0\}$	$42+9\lambda$	$\{3\bar{2}3\}$	$50+16\lambda$
$\{4\bar{5}1\}$	126	$\{3\bar{2}0\}$	$38+\lambda$	$\{3\bar{3}2\}$	$62+4\lambda$	$\{3\bar{2}2\}$	$42+9\lambda$	$\{5\bar{1}0\}$	$62+16\lambda$
$\{5\bar{6}1\}$	186	$\{2\bar{3}2\}$	$50+\lambda$	$\{4\bar{3}1\}$	$74+4\lambda$	$\{4\bar{2}1\}$	$54+9\lambda$	$\{5\bar{2}1\}$	$74+16\lambda$
$\{5\bar{7}2\}$	234	$\{3\bar{3}1\}$	$56+\lambda$	$\{5\bar{2}\bar{1}\}$	$86+4\lambda$	$\{5\bar{1}\bar{1}\}$	$72+9\lambda$	»	»
»	»	$\{4\bar{2}\bar{1}\}$	$62+\lambda$	$\{5\bar{3}0\}$	$98+4\lambda$	$\{5\bar{2}0\}$	$78+9\lambda$	»	»
»	»	$\{4\bar{3}0\}$	$74+\lambda$	$\{3\bar{4}3\}$	$98+4\lambda$	$\{4\bar{3}2\}$	$78+9\lambda$	»	»
»	»	$\{3\bar{4}2\}$	$86+\lambda$	»	»	$\{5\bar{3}1\}$	$96+9\lambda$	»	»

Tableau N° VI. — *Valeurs de Σ^2, carré de l'aire du parallélogramme générateur, pour les principales formes du Système terbinaire.*

FORME	$\Sigma^2 =$	FORME	$\Sigma^2 =$	FORME	$\Sigma^2 =$	FORME	$\Sigma^2 =$	FORME	$\Sigma^2 =$
Mode hexaédral rectangulaire.						Mode hexaédral rhombique, à base rhombe située sur le plan des xy.			
{100}	λ'	{010}	λ	{001}	1	{001}	1	{10k}	$4\lambda'+4k^2$
{110}	$\lambda'+\lambda$	{101}	$\lambda'+1$	{011}	$\lambda+1$	{11k}	$\lambda'+\lambda+k^2$	{01k}	$4\lambda+4k^2$
{111}	$\lambda'+\lambda+1$	»	»	»	»	{20k}	$4\lambda'+k^2$	{21k}	$16\lambda'+4\lambda+4k^2$
{210}	$4\lambda'+\lambda$	{201}	$4\lambda'+1$	{012}	$\lambda+4$	{02k}	$4\lambda+k^2$	{12k}	$4\lambda'+16\lambda+4k^2$
{120}	$\lambda'+4\lambda$	{102}	$\lambda'+4$	{021}	$4\lambda+1$	{22k}	$4\lambda'+4\lambda+k^2$	{30k}	$36\lambda'+4k^2$
{211}	$4\lambda'+\lambda+1$	{121}	$\lambda'+4\lambda+1$	{112}	$\lambda'+\lambda+4$	{31k}	$9\lambda'+\lambda+k^2$	{03k}	$36\lambda+4k^2$
						{13k}	$\lambda'+9\lambda+k^2$	»	»
						{40k}	$16\lambda'+k^2$	»	»
						{04k}	$16\lambda+k^2$	»	»
Mode octaédral rectangulaire.						Mode octaédral rhombique.			
{110}	$\lambda'+\lambda$	{100}	$4\lambda'$	»	»	{111}	$\lambda'+\lambda+1$	{100}	$4\lambda'$
{101}	$\lambda'+1$	{010}	4λ	»	»	{311}	$9\lambda'+\lambda+1$	{010}	4λ
{011}	$\lambda+1$	{001}	4	»	»	{131}	$\lambda'+9\lambda+1$	{001}	4
{211}	$4\lambda'+\lambda+1$	{111}	$4\lambda'+4\lambda+4$	»	»	{113}	$\lambda'+\lambda+9$	{110}	$4\lambda'+4\lambda$
{121}	$\lambda'+4\lambda+1$	{210}	$16\lambda'+4\lambda$	»	»	{331}	$9\lambda'+9\lambda+1$	{101}	$4\lambda'+4$
{112}	$\lambda'+\lambda+4$	{201}	$16\lambda'+4$	»	»	{313}	$9\lambda'+\lambda+9$	{011}	$4\lambda+4$
{310}	$9\lambda'+\lambda$	{120}	$4\lambda'+16\lambda$	»	»	{133}	$\lambda'+9\lambda+9$	{210}	$16\lambda'+4\lambda$
{301}	$9\lambda'+1$	{102}	$4\lambda'+16$	»	»			{120}	$4\lambda'+16\lambda$
{130}	$\lambda'+9\lambda$	{021}	$16\lambda+4$	»	»			{201}	$16\lambda'+4$
{103}	$\lambda'+9$	{012}	$4\lambda+16$	»	»			{102}	$4\lambda'+16$
{031}	$9\lambda+1$	»	»	»	»			{021}	$16\lambda+4$
{013}	$\lambda+9$	»	»	»	»			{012}	$4\lambda+16$

TABLEAU N° VII.

Classification des polyèdres, d'après la nature de leur symétrie.

POLYÈDRE			SYMBOLE DE LA SYMÉTRIE DU POLYÈDRE.	CLASSE du polyèdre
Asymétrique			$oL, oC, oP.$	1re
Symétrique	dépourvu d'axes		$oL, C, oP.$	2e
			$oL, oC, P.$	3e
	pourvu d'un axe principal	d'ordre pair	$A^{2q}, oL^2, oC, oP.$	4e
			$A^{2q}, oL^2, C, \Pi.$	5e
			$A^{2q}, qL^2, qL'^2, oC, oP.$	6e
			$A^{2q}, oL^2, oC, qP, qP'.$	7e
			$A^{2q}, qL^2, qL'^2, C, \Pi, qP^2, qP'^2.$	8e
			$A^{2q}, 2qL^2, oC, 2qP.$	9e
		d'ordre impair	$A^{2q+1}, oL^2, oC, oP.$	10e
			$A^{2q+1}, oL^2, C, oP.$	11e
			$A^{2q+1}, oL^2, oC, \Pi.$	12e
			$A^{2q+1}, (2q+1)L^2, oC, oP.$	13e
			$A^{2q+1}, oL^2, oC, (2q+1)P.$	14e
			$A^{2q+1}, (2q+1)L^2, C, (2q+1)P^2.$	15e
			$A^{2q+1}, (2q+1)L^2, oC, \Pi, (2q+1)P$	16e
	sphéroédrique	quaterternaire	$4L^3, 3L^2, oC, oP.$	17e
			$4L^3, 3L^2, C, 3P^2.$	18e
			$4L^3, 3L^2, oC, 6P.$	19e
			$3L^4, 4L^3, 6L^2, oC, oP.$	20e
			$3L^4, 4L^3, 6L^2, C, 3P^4, 6P^2.$	21e
		décemternaire	$6L^5, 10L^3, 15L^2, oC, oP.$	22e
			$6L^5, 10L^3, 15L^2, C, 15P^2.$	23e

Dans ce tableau, q est un nombre entier quelconque, positif, et au moins égal à 1.

Tableau N° VIII.

Classification des polyèdres moléculaires, d'après les systèmes cristallins auxquels ils se rapportent.

SYMBOLE DE LA SYMÉTRIE du polyèdre moléculaire, $[S_c, S_p]$.	SYMBOLE DE LA SYMÉTRIE du polyèdre équivalent, $[S_c]$.
Système asymétrique [o L, C, o P]	
o L, C, o P,	o L, C, o P.
$A^{6m\pm1}$, o L^2, C, o P,	
A^5, o L^2, C, o P,	
o L, o C, o P,	o L, o C, o P.
$A^{6m\pm1}$, o L^2, o C, o P,	
A^5, o L^2, o C, o P,	
Système binaire [A^2, o L^2, C, Π]	
$A^{12m\pm2}$, o L^2, C, Π, o P,	A^2, C, Π.
A^2, o L^2, C, Π, o P,	
$A^{6m\pm1}$, $(6m\pm1)$ L^2, C, $(6m\pm1)$ P,	
A^5, 5 L^2, C, 5 P,	
$A^{12m\pm2}$, o L^2, o C, o P,	A^2, o C, o P.
A^2, o L^2, o C, o P,	
$A^{6m\pm1}$, $(6m\pm1)$ L^2, o C, o P,	
A^5, 5 L^2, o C, o P,	
o L, o C, P,	o L^2, o C, Π.
$A^{6m\pm1}$, o L^2, o C, $(6m\pm1)$ P,	
A^5, o L^2, o C, 5 P,	
$A^{6m\pm1}$, o L^2, o C, Π,	
A^5, o L^2, o C, Π,	
Système terbinaire [A^2, L^2, L'^2, C, Π, P^2, P'^2]	
$A^{12m\pm2}$, $(6m\pm1)$ L^2, $(6m\pm1)$ L'^2, C, Π, $(6m\pm1)$ P^2, $(6m\pm1)$ P'^2	A^2, L^2, L'^2, C, Π, P^2, P'^2.
A^2, L^2, L'^2, C, Π, P^2, P'^2,	
$A^{12m\pm2}$, $(6m\pm1)$ L^2, $(6m\pm1)$ L'^2, o C, o P,	A^2, L^2, L'^2, o C, o P.
A^2, L^2, L'^2, o C, o P,	
$A^{12m\pm2}$, o L^2, o C, $(6m\pm1)$ P, $(6m\pm1)$ P',	A^2, o C, P, P'.
A^2, o L^2, o C, P, P',	
$A^{6m\pm1}$, $(6m\pm1)$ L^2, o C, Π, $(6m\pm1)$ P^2,	
A^5, 5 L^2, o C, Π, 5 P,	

[Suite.]

TABLEAU N° VIII.

Classification des polyèdres moléculaires, d'après les Systèmes cristallins auxquels ils se rapportent.

SYMBOLE DE LA SYMÉTRIE du polyèdre moléculaire, $[S_c, S_p]$.	SYMBOLE DE LA SYMÉTRIE du polyèdre équivalent, $[S_c]$.
Système ternaire $[A^3, 3L^2, C, 3P^2]$	
$A^{6m+3}, (6m+3)L^2, C, (6m+3)P^2$, $A^3, 3L^2, C, 3P^2$,	$A^3, 3L^2, C, 3P^2$.
$A^{6m+3}, (6m+3)L^2, oC, oP$, $A^3, 3L^2, oC, oP$,	$A^3, 3L^2, oC, oP$.
$A^{6m+3}, oL^2, oC, (6m+3)P$, $A^3, oL^2, oC, 3P$,	$A^3, oL^2, oC, 3P$.
A^{6m+3}, oL^2, C, oP, A^3, oL^2, C, oP,	A^3, oL^2, C, oP.
A^{6m+3}, oL^2, oC, oP, A^3, oL^2, oC, oP,	A^3, oL^2, oC, oP.
Système quaternaire $[A^4, 2L^2, 2L'^2, C, \Pi, 2P^2, 2P'^2]$	
$A^{12m\pm4}, (6m\pm2)L^2, (6m\pm2)L'^2, C, \Pi, (6m\pm2)P^2, (6m\pm2)P'^2$ $A^4, 2L^2, 2L'^2, C, \Pi, 2P^2, 2P'^2$,	$A^4, 2L^2, 2L'^2, C, \Pi, 2P^2, 2P'^2$
$A^{12m\pm4}, (6m\pm2)L^2, (6m\pm2)L'^2, oC, oP$, $A^4, 2L^2, 2L'^2, oC, oP$, $A^{12m\pm4}, (12m\pm4)L^2, oC, (12m\pm4)P$, $A^4, 4L^2, oC, 4P$,	$A^4, 2L^2, 2L'^2, oC, oP$.
$A^{12m\pm2}, (12m\pm2)L^2, oC, (12m\pm2)P$, $A^2, 2L^2, oC, 2P$,	ou $A^2, 2L^2, oC, 2P'$, ou $A^2, 2L'^2, oC, 2P$.
$A^{12m\pm4}, oL^2, oC, (6m\pm2)P, (6m\pm2)P'$, $A^4, oL^2, oC, 2P, 2P'$, $A^{12m\pm4}, (12m\pm4)L^2, oC, (12m\pm4)P$, $A^4, 4L^2, oC, 4P$,	$A^4, oL^2, oC, 2P, 2P'$.
$A^{12m\pm4}, oL^2, C, \Pi$, A^4, oL^2, C, Π,	A^4, oL^2, C, Π.
$A^{12m\pm4}, oL^2, oC, oP$, A^4, oL^2, oC, oP,	A^4, oL^2, oC, oP.
Système sénaire $[A^6, 3L^2, 3L'^2, C, \Pi, 3P^2, 3P'^2]$	
$A^{6m}, 3mL^2, 3mL'^2, C, \Pi, 3mP^2, 3mP'^2$, $A^6, 3L^2, 3L'^2, C, \Pi, 3P^2, 3P'^2$,	$A^6, 3L^2, 3L'^2, C, \Pi, 3P^2, 3P'^2$.

[Suite.] TABLEAU N° VIII. — *Classification des polyèdres moléculaires, d'après les Systèmes cristallins auxquels ils se rapportent.*

SYMBOLE DE LA SYMÉTRIE du polyèdre moléculaire, $[S_c, S_p]$.	SYMBOLE DE LA SYMÉTRIE du polyèdre équivalent, $[S_c]$.
[Suite.] Système sénaire $[A^6, 3L^2, 3L'^2, C, \Pi, 3P^2, 3P'^2]$	
$A^{6m}, 3mL^2, 3mL'^2, oC, oP$,	$A^6, 3L^2, 3L'^2, oC, oP$.
$A^6, 3L^2, 3L'^2, oC, oP$,	
$A^{6m}, 6mL^2, oC, 6mP$,	
$A^6, 6L^2, oC, 6P$,	
$A^{6m+3}, (6m+3)L^2, oC, \Pi, (6m+3)P$,	ou $A^3, 3L^2, oC, \Pi, 3P'$,
$A^3, 3L^2, oC, \Pi, 3P$,	ou $A^3, 3L'^2, oC, \Pi, 3P$.
$A^{6m}, oL^2, oC, 3mP, 3mP'$,	$A^6, oL^2, oC, 3P, 3P'$.
$A^6, oL^2, oC, 3P, 3P'$,	
$A^{6m}, 6mL^2, oC, 6mP$,	
$A^6, 6L^2, oC, 6P$,	
$A^{6m+3}, (6m+3)L^2, C, (6m+3)P^2$,	ou $A^3, 3L^2, C, 3P^2$,
$A^3, 3L^2, C, 3P^2$,	ou $A^3, 3L'^2, C, 3P'^2$.
A^{6m}, oL^2, C, Π,	A^6, oL^2, C, Π.
A^6, oL^2, C, Π,	
$A^{6m+3}, (6m+3)L^2, oC, oP$,	ou $A^3, 3L^2, oC, oP$,
$A^3, 3L^2, oC, oP$,	ou $A^3, 3L'^2, oC, oP$.
A^{6m}, oL^2, oC, oP,	A^6, oL^2, oC, oP.
A^6, oL^2, oC, oP,	
$A^{6m+3}, oL^2, oC, (6m+3)P$,	ou $A^3, oL^2, oC, 3P$,
$A^3, oL^2, oC, 3P$,	ou $A^3, oL^2, oC, 3$
A^{6m+3}, oL^2, oC, Π,	A^3, oL^2, oC, Π.
A^3, oL^2, oC, Π,	
A^{6m+3}, oL^2, C, oP,	A^3, oL^2, C, oP.
A^3, oL^2, C, oP,	
A^{6m+3}, oL^2, oC, oP,	A^3, oL^2, oC, oP.
A^3, oL^2, oC, oP,	
Système terquaternaire $[3L^4, 4L^3, 6L^2, C, 3P^4, 6P^2]$	
$3L^4, 4L^3, 6L^2, C, 3P^4, 6P^2$,	$3L^4, 4L^3, 6L^2, C, 3P^4, 6P^2$.
$3L^4, 4L^3, 6L^2, oC, oP$,	$3L^4, 4L^3, 6L^2, oC, oP$.
$4L^3, 3L^2, oC, 6P$,	$4L^3, 3L^2, oC, 6P$.
$4L^3, 3L^2, C, 3P^2$,	$4L^3, 3L^2, C, 3P^2$.
$6L^5, 10L^3, 15L^2, C, 15P^2$,	
$4L^3, 3L^2, oC, oP$,	$4L^3, 3L^2, oC, oP$.
$6L^5, 10L^3, 15L^2, oC, oP$,	

TABLEAU N° IX. — *Nombre de faces des formes cristallines, dans les différents Systèmes, et pour les divers cas d'hémiédrie qu'ils peuvent offrir.*

SYMBOLE DE LA SYMÉTRIE du polyèdre moléculaire	FORMES OBLIQUES. Détail des faces.	FORMES OBLIQUES. Nombre des faces.	FORMES PARALLÈLES.			FORMES NORMALES.		
Système terquaternaire.	Tableau page 123.	"	$\{ggk\}$	$\{g, h, g \pm h\}$	$\{gho\}$	$\{110\}$	$\{111\}$	$\{100\}$
$3L^2, 4L^3$, oC, oP.	Col. 1	12 A	12 B	Comme	12 C	12 D	4 A	6 A
$3L^2, 4L^3$, C, $3P^2$............	1, 3	24 A	24 D	à	12 C	12 D	8 A	6 A
$3L^2, 4L^3$, oC, 6P............	1, 4	24 B	12 B	la colonne	24 E	12 D	4 A	6 A
$3L^4, 4L^3, 6L^2$, oC, oP.......	1, 2	24 C	24 D	des formes	24 E	12 D	8 A	6 A
$3L^4, 4L^3, 6L^2$, C, $3P^4, 6P^2$ ..	1, 2, 3, 4	48	24 D	obliques.	24 E	12 D	8 A	6 A
Système sénaire.	Tableau page 125.	"	$\{gg\overline{2g}k\}$	$\{go\bar{g}k\}$	$\{ghio\}$	$\{11\bar{2}0\}$	$\{10\bar{1}0\}$	$\{0001\}$
Λ^3, oL^2, oC, oP.............	Col. 1	3 A	3 A	3 A	3 B	3 B	3 B	1
Λ^3, oL^2, C, oP.............	1, 5	6 B	6 B	6 B	6 G	6 G	6 G	2 A
Λ^3, oL^2, oC, Π..............	1, 6	6 C	6 C	6 C	3 B	3 B	3 B	2 A
Λ^3, oL^2, oC, 3P............	1, 7	6 D	6 E	3 A	6 H	6 G	3 B	1
Λ^3, oL^2, oC, 3P'............	1, 8	6 D	3 A	6 E	6 H	3 B	6 G	1
Λ^6, oL^2, oC, oP.............	1, 2	6 E	6 E	6 E	6 G	6 G	6 G	1
$\Lambda^3, 3L^2$, oC, oP.............	1, 3.	6 F	6 C	6 B	6 H	3 B	6 G	2 A
$\Lambda^3, 3L'^2$, oC, oP............	1, 4	6 F	6 B	6 C	6 H	6 G	3 B	2 A
Λ^6, oL^2, C, Π................	1, 2, 5, 6	12 E	12 E	12 E	6 G	6 G	6 G	2 A
$\Lambda^3, 3L^2$, C, $3P^2$	1, 3, 5, 7	12 F	12 E	6 B	12 K	6 G	6 G	2 A
$\Lambda^3, 3L'^2$, C, $3P'^2$...........	1, 4, 5, 8	12 F	6 B	12 E	12 K	6 G	6 G	2 A
Λ^6, oL^2, oC, 3P, 3P'........	1, 2, 7, 8	12 G	6 E	6 E	12 K	6 G	6 G	1
$\Lambda^3, 3L^2$, oC, Π, 3P'........	1, 3, 6, 8	12 H	6 C	12 E	6 H	3 B	6 G	2 A
$\Lambda^3, 3L'^2$, oC, Π, 3P.........	1, 4, 6, 7	12 H	12 E	6 C	6 H	6 G	6 G	2 A
$\Lambda^6, 3L^2, 3L'^2$, oC, oP.... ..	1, 2, 3, 4	12 I	12 E	12 E	12 K	6 G	3 B	2 A
$\Lambda^6, 3L^2, 3L'^2$, C, Π, $3P^2, 3P'^2$.	1 à 8	24 F	12 E	12 E	12 K	6 G	6 G	2 A
Système quaternaire.	Tableau page 128.	"	$\{ohk\}$	$\{gok\}$	$\{gho\}$	$\{110\}$	$\{100\}$	$\{001\}$
Λ^4, oL^2, oC, oP............	Col. 1, 2	4 B	4 B	4 B	4 D	4 D	4 D	1
Λ^2, oC, oP (*)..............	1, 6	4 C	4 C	4 C	4 D	4 D	4 D	2 A

(*) Ce polyèdre ne peut cristalliser dans le Système quaternaire que s'il satisfait à certaines conditions particulières énoncées à la page 129.

TABLEAU N° IX. — *Nombre de faces des formes cristallines, dans les différents Systèmes,*
[Suite.] *et pour les divers cas d'hémiédrie qu'ils peuvent offrir.*

SYMBOLE DE LA SYMÉTRIE du polyèdre moléculaire.	FORMES OBLIQUES. Détail des faces.	FORMES OBLIQUES. Nombre des faces.	FORMES PARALLÈLES.			FORMES NORMALES.		
[Suite.] Système quaternaire.	Tableau page 128.	″	{*ggk*}	{*gok*}	{*gho*}	{110}	{100}	{001}
A^4, oL^2, C, Π	1, 2, 5, 6	8 B	8 B	8 B	4 D	4 D	4 D	2 A
A^4, oL^2, oC, 2P, 2P'	1, 2, 7, 8	8 C	4 B	4 B	8 F	4 D	4 D	1
A^2, $2L^2$, oC, 2P'	1, 3, 6, 8	8 D	4 C	8 B	8 F	4 D	4 D	2 A
A^2, $2L'^2$, oC, 2P	1, 4, 6, 7	8 D	8 B	4 C	8 F	4 D	4 D	2 A
A^4, $2L^2$, $2L'^2$, oC, oP	1, 2, 3, 4	8 E	8 B	8 B	8 F	4 D	4 D	2 A
A^4, $2L^2$, $2L'^2$, C, Π, $2P^2$, $2P'^2$	1 à 8	16	8 B	8 B	8 F	4 D	4 D	2 A
Système ternaire.	Tableau page 130.	″	″	{$gog\bar{k}$}	{*ghio*}	{$1\bar{1}\bar{2}0$}	″	{0001}
A^3, oL^2, oC, oP	Col. 1	3 A	″	3 A	3 B	3 B	″	1
A^3, oL^2, C, oP	1, 3	6 B	″	6 B	6 G	6 G	″	2 A
A^3, oL^2, oC, 3P	1, 4	6 D	″	3 A	6 H	6 G	″	1
A^3, $3L^2$, oC, oP	1, 2	6 F	″	6 B	6 H	3 B	″	2 A
A^3, $3L^2$, C, $3P^2$	1, 2, 3, 4	12 F	″	6 B	12 K	6 G	″	2 A
Système terbinaire.	Tableau page 131.	″	{*ohk*}	{*gok*}	{*gho*}	{100}	{010}	{001}
A^2, oL^2, oC, P, P'	Col. 1, 4	4 E	2 B	2 B	4 G	2 A	2 A	1
A^2, L^2, L'^2, oC, oP	1, 2	4 F	4 G	4 G	4 G	2 A	2 A	2 A
A^2, L^2, L'^2, C, Π, P^2, P'^2	1, 2, 3, 4	8 G	4 G	4 G	4 G	2 A	2 A	2 A
Système binaire.	Tableau page 132.	″	″	″	{*ghio*}	″	″	{0001}
oL, oC, Π	Col. 1, 4	2 B	″	″	1	″	″	2 A
A^2, oC, oP	1, 2	2 B	″	″	2 A	″	″	1
A^2, C, Π	1, 2, 3, 4	4 G	″	″	2 A	″	″	2 A
Système asymétrique.	Tableau page 132.	″	″	″	″	″	″	″
oL, oC, oP	Col. 1	1	″	″	″	″	″	″
oL, C, oP	1, 2	2 A	″	″	″	″	″	″

PARIS. — IMPRIMERIE DE BACHELIER, RUE DU JARDINET, 12.

ÉTUDES CRISTALLOGRAPHIQUES

par M. A. Bravais.

Fig. 7.

ABAQUE DES FORMES CRISTALLINES DU SYSTÈME SÉNAIRE.

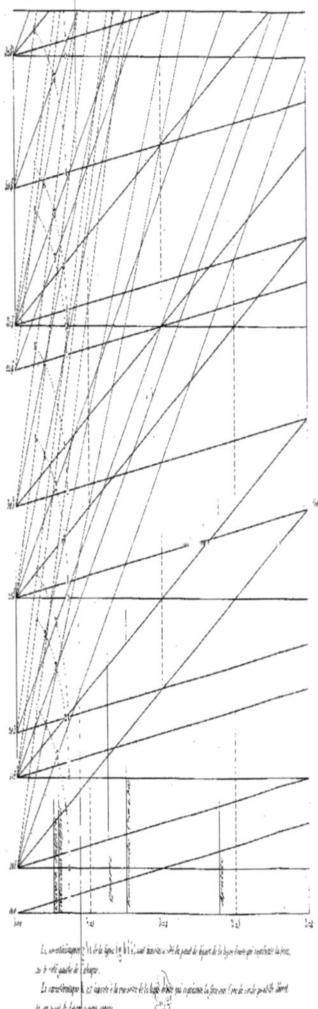

Fig. 1. 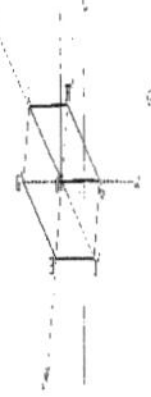 Fig. 2. 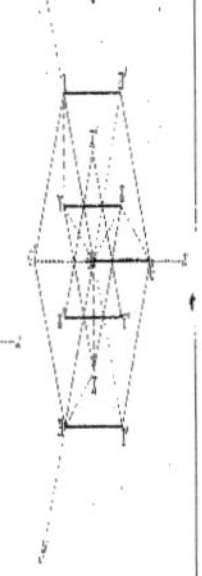 Fig. 3. 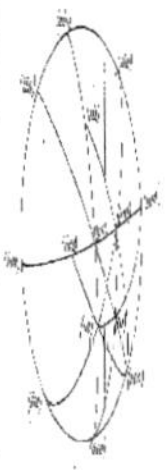 Fig. 4. 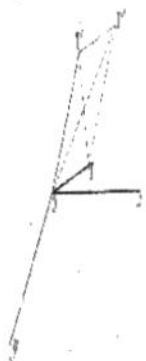 Fig. 5.  Fig. 6.

Les caractéristiques [illegible] de la ligne [illegible] sont inscrites à côté du point de départ de la ligne droite qui représente la face, sur le côté gauche de l'abaque.

La caractéristique h est inscrite à la rencontre de la ligne droite qui représente la face avec l'arc de cercle [illegible] de ce point de départ comme centre.

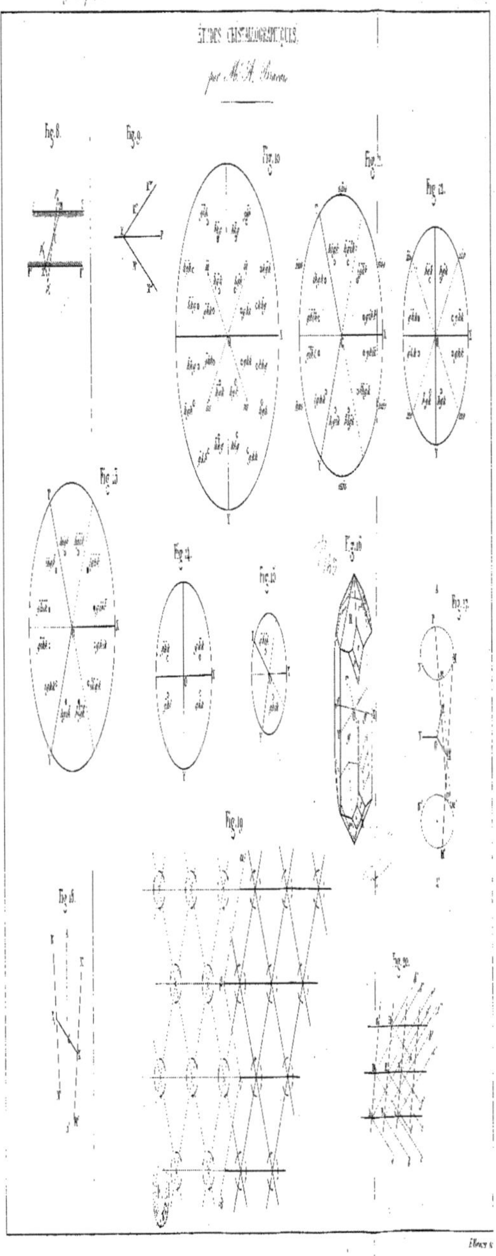
ÉTUDES CRISTALLOGRAPHIQUES,
par M. A. Bravais
Fig. 8.
Fig. 9.
Fig. 10
Fig. 12.
Fig. 13
Fig. 14.
Fig. 15
Fig. 16
Fig. 17.
Fig. 18.
Fig. 19
Fig. 20.

www.ingramcontent.com/pod-product-compliance
Ingram Content Group UK Ltd.
Pitfield, Milton Keynes, MK11 3LW, UK
UKHW020557180726
13838UKWH00001B/291